प्रस्तावना

'दिल बता' एक किताब नहीं, बल्कि विचारों की वह यात्रा है, जो संस्कृति की जड़ों से शुरू होकर समाज और राजनीति के ताने-बाने से गुज़रती है, जीवन से मिलने वाले सबकों में ठहरती है और अंत में प्रेरणा की एक नई दिशा प्रदर्शित करती है।

इस किताब के पन्नों में संस्कृति सिर्फ परंपरा नहीं, बल्कि हमारी सोच और व्यवहार का आईना भी पेश किया गया है। समाज और राजनीति यहाँ सत्ता या व्यवस्था नहीं, बल्कि यह उन सवालों को चेहरा देती हैं, जो रिश्तों को प्रभावित करते हैं।

'दिल बता' शिक्षा को किताबी ज्ञान से आगे ले जाकर जीवन की समझ से जोड़ती है, जहाँ हर अनुभव एक सबक बनता है। वहीं प्रेरणा खंड मन के भीतर से उठने वाली वह आवाज़ है, जो आगे बढ़ने का साहस देती है। यह किताब मन के विचारों को पनाह देती है, ताकि हर पाठक अपने सवालों के जवाब खुद ढूँढ सके।

अतुल मलिकराम

विशेष आभार

'दिल बता' को आकार देने और मेरे विचारों को शब्दों में पिरोने में अमूल्य सहयोग देने के लिए सुरभि चौरसिया, पवन त्रिपाठी, रोहित सिंह, शैलजा जोशी, इकबाल पटेल और अशोक दुबे जी का हृदय से धन्यवाद्। आपके साथ से ही इसकी पूर्णता संभव हुई है।

समर्पित

“दिल बता” मेरे बचपन के दोस्तों अरविंद गोयल, कैलाश वर्मा, विमल शर्मा, पंकज कोठारी, तारिक अब्बासी, पवन बिसारिया, राकेश शुक्ला, आर. के. वैष्णव, प्यारे मोहम्मद खान, प्रशांत जालनापुरकर और जितेंद्र खेड़ा को समर्पित है।

लेखक परिचय

अतुल मलिकराम एक भारतीय राजनीतिक रणनीतिकार, पीआर कंसल्टेंट, लेखक, समाजसेवी और एंगर मैनेजमेंट एक्सपर्ट हैं। सन् 1969 में मध्य प्रदेश के ग्वालियर में एक बिज़नेस क्लास परिवार में जन्में अतुल मलिकराम ने सन् 1999 में एक पीआर पेशेवर के रूप में अपना करियर शुरु किया और वर्ष 2006 में पीआर 24X7 की नींव रखी। पिछले कुछ वर्षों में भारतीय राजनीतिक पृष्ठभूमि, खासकर मध्य प्रदेश, राजस्थान, छत्तीसगढ़ और उत्तर प्रदेश जैसे हिंदी भाषी राज्यों में, उन्होंने अपनी अलग छवि विकसित की है। मध्य प्रदेश में सिंधिया खेमे के बीजेपी में शामिल होने से लेकर, विधानसभा चुनावों में छत्तीसगढ़ और राजस्थान में कांग्रेस के कमान संभालने तथा हाल ही में संपन्न हुए 2024 के लोकसभा चुनाव में बीजेपी (एनडीए) के 294 सीटें लाने जैसी उनकी कुछ भविष्यवाणियाँ एक दम सटीक बैठी हैं।

अतुल मलिकराम एक जाने-माने लेखक हैं, जिनकी किताबें- 'दिल से', 'गल्लां दिल दी', 'दिल विल', 'दिल दश्त' और ‘कसक दिल की’ काफी लोकप्रिय हैं। एंगर मैनेजमेंट एक्सपर्ट के रूप में उन्होंने इंदौर शहर में देश के पहले एंगर मैनेजमेंट कैफे 'भड़ास' की शुरुआत की।

उनके द्वारा स्थापित सामाजिक संस्था 'बीइंग रेस्पॉन्सिबल' के तहत निःस्वार्थ भाव से चार प्रमुख पहल की जा रही हैं। पूर्णतः निःशुल्क इन पहलों में केयर फॉर एल्डर्स, तेल-मालिश, दाना-पानी और नंगे-पैर शामिल हैं। बुजुर्गों के प्रति सामाजिक नजरिए को एक सकारात्मक दिशा देने के उद्देश्य से इंदौर शहर में संस्था के तहत तीन डे केयर सेंटर्स संचालित हो रहे हैं। इनमें से पहला डे केयर सेंटर अपार सफलता के साथ ग्यारह वर्ष पूर्ण कर चुका है। तेल-मालिश के अंतर्गत शहर के बुजुर्गों को जोड़ों आदि के दर्द से राहत दिलाने हेतु मालिश की सुविधा दी जाती है।

'बेज़ुबान हैं तो क्या हुआ, प्यास उन्हें भी लगती है' थीम पर दाना-पानी पहल के अंतर्गत गर्मी में प्यास से तड़पते पक्षियों के लिए मिट्टी के सकोरे और ज्वार-बाजरे का निःशुल्क वितरण किया जाता है। वहीं, पहल नंगे-पैर मासूम चेहरों पर खुशियाँ बिखेरने का सार्थक माध्यम बन चुकी है। इसके अंतर्गत बच्चों और महिलाओं को चिलचिलाती धूप के प्रकोप से बचाने के लिए चप्पलों का निःशुल्क वितरण किया जाता है।

भारत के बेहतर भविष्य के सृजन की योजनाओं के अनुरूप भारत सरकार द्वारा चलाए जा रहे सतत विकास लक्ष्यों में भी अतुल सराहनीय योगदान दे रहे हैं।

#2030काभारत अभियान के माध्यम से देश में शून्य गरीबी और शून्य भुखमरी लाने, गुणवत्तापूर्ण शिक्षा प्रदान करने, जेल की व्यवस्थाओं में सुधार करने, सज़ा पूरी होने के बाद कैदियों को पुनः आम जीवन जीने के लिए प्रेरित करने और समाज द्वारा उन्हें फिर से आम नागरिक के रूप में स्वीकार करने जैसे प्रयास शामिल हैं। 'मोची भाई' और 'गन्ने का रस' पहलों के अंतर्गत मोचियों और गन्ने के रस के विक्रेताओं को खुद की पहचान दिलाने के लिए स्टैन्डीज़ और बैनर्स का वितरण किया जाता है।

समाज में परिवर्तन लाने में उत्कृष्ट भूमिका निभाने के लिए उन्हें, प्रतिष्ठित गॉडफ्रे फिलिप्स रेड एंड व्हाइट गोल्ड अवॉर्ड से सम्मानित किया जा चुका है।

Email: amg24x7@gmail.com
Mobile: +91-9755020247
: @amg24x7

अनुक्रमणिका

क्रम संख्या	विवरण	पृष्ठ संख्या

1. संस्कृति

1. दादी माँ 03
2. ज़िंदगी दिखावे से ज्यादा, जीने की चीज़ है..भूल बैठी है नई पीढ़ी 07
3. रसोई का पलायन 11
4. धर्म का व्यवसाय..... 15
5. उतना ही लें थाली में, व्यर्थ न जाए नाली में.. 18
6. अश्लीलता की बाढ़ में बर्बाद होती युवा पीढ़ी 21
7. मंदिरों में बढ़ती भीड़: आस्था या दिखावा? 25
8. आजकल की शादियाँ दिखावा..? 29
9. आधी रात में केक काटने का चलन: उत्सव या दिखावा? 32
10. आधुनिकता की दौड़ में खोता अपनापन...... 35
11. लिफाफे का नया चलन.... 38

2. समाज और राजनीति

1. भीड़ में खामोशी.. 43
2. देश से गरीबी का नाम-ओ-निशान ही गायब 46
3. गाँव की बेरंग तस्वीर में रंग भरने का काम आज भी अधूरा 50
4. पक्के मकान.. कच्चे दिल.. 54
5. सच्चे रिश्तेदार 58
6. अब वो बात कहाँ.. 61
7. केवल राजनीति पर क्यों उठे सवाल... 64
8. राजनेताओं से भी लिया जाए काम का लेखा-जोखा.. 67
9. भारतीय राजनीति में महिलाओं की हिस्सेदारी तो पूरी, लेकिन भागीदारी कम 70
10. युवाओं के हाथ में राजनीति के नए युग की शुरुआत..... 74

क्रम संख्या	विवरण	पृष्ठ संख्या

3. शिक्षा और सबक

1. सीखना ही जीवन है..... 81
2. जीवन के हर दरवाजे को खोल सकती है ज्ञान की कुँजी 85
3. सफलता मेहनत से या फिर सोच से? 88
4. मौत किराए पर नहीं मिलती 92
5. बाद पछताए क्या होत, जब चिड़िया चुग गई खेत.. 96
6. शिक्षित किसान, उन्नत देश 100
7. शिक्षा है या नोट छापने की मशीन.... 104
8. बच्चों को दें कोई हुनर, ताकि वो बन पाएँ अपनी जिंदगी के विनर.. 107
9. जीवन के बोझ तले, कैसे पनपेंगे ये नौनिहाल?? 110
10. गलत सीख देती किताबों का जिम्मेदार कौन? 114
11. क्वालीफाईड होने में पीछे रह गई एजुकेशन 117
12. फेल होना भी है जरुरी.... 121

4. प्रेरणा

1. बरकत का ताबीज.. 127
2. मैंने उसे बचाया या उसने मुझे.. 131
3. मन के हारे हार है, मन के जीते जीत 135
4. जो टूटते हैं, उनमें ही तो कला होती है फिर से जुड़ जाने की 139
5. आदत आदत की बात है 143
6. अनोखा इलाज.. 147
7. आप ही हैं अपने मददगार 150
8. और सब बढ़िया.....! 153
9. भाग्यशाली मैं.... 156
10. शब्दों में शक्ति तभी होगी, जब सोच में गहराई होगी.. 159
11. शुरुआत कहाँ से करें? 162
12. 'मैं' सिर्फ एक शरीर तक सीमित नहीं 166

संस्कृति

दादी माँ

01

दादी माँ

अब दादी माँ हमारे साथ नहीं हैं.. उनके साथ बिताए दिन यादों के पुराने संदूक में छिपे बैठे हैं। जो कभी हमारी पहचान थीं, वो यादें अब धुँधला-सी गई हैं। दादी माँ तो किसी पुराने संदूक की तरह गाँव में ही छूट गईं, और हम अपने खास-खास सामान के साथ बड़े-बड़े शहरों में आकर बस गए। क्या सोच रहे हैं?? मैंने कुछ गलत कहा क्या?? आप खुद ही बताइए, इससे अधिक कीमत हमने छोड़ी ही क्या है दादी की? आज हम बहुत काबिल हैं, लेकिन हमारे पास देखने को दादी माँ की मिलियन डॉलर मुस्कान नहीं है.. सिर रखकर सोने को दादी की गोद नहीं है, बालों में उँगलियाँ फेरते हुए सरसों का तेल लगाने वाले दादी के मुलायम-मुलायम हाथ नहीं हैं, बतियाने को हमारे पास अब कहाँ हमारी सबसे प्यारी दोस्त हैं, जो हाँ में हाँ मिलाकर हमारी सारी शिकायतें सुन लिया करती थीं, और दुनिया भर की हमारी समस्याओं का समाधान चुटकियों में हमें दे दिया करती थीं।

दादी माँ की रसोई की खुशबू भी अब सिर्फ यादों में है। वह सुबह-सुबह चूल्हे की लकड़ियों से उठती सौंधी-सी महक, ताजी रोटियाँ और गुड़ की मिठास, सब कुछ जैसे बीते समय की कहानी बनकर रह गए हैं। दादी माँ हर दिन सबसे पहली रोटी गाय के लिए निकाला करती थीं, और आखिरी कुत्ते के लिए। और इसमें भी वही स्नेह झलकता था, जो दादी माँ का हमारे लिए होता था। यह उनकी सिखाई हुई परंपराएँ थीं, जो हमें प्रकृति और प्राणियों से जोड़ती थीं। उस एक रोटी में पूरा संसार बसता था, जो हमें सिखाता था कि हर जीव का हमारे जीवन में कितना महत्व है।

हर सुबह दरवाजे पर नंदी बैल का इंतजार होता था। दादी गुड़ की डली हाथ में लेकर दरवाजे पर जातीं और नंदी बड़े प्रेम से उसे खा जाता। यह सिर्फ एक आदत नहीं, बल्कि हमारे जीवन में पशुओं के प्रति दया और प्रेम का प्रतीक था। कबूतरों के लिए दाना और चींटियों के लिए आटा निकालना भी उनकी दिनचर्या का अनमोल हिस्सा हुआ करता था।

दादी माँ हर शनिवार, अमावस्या और पूर्णिमा के दिनों में सरसों का तेल निकालकर सीधा देने मंदिर जाया करती थीं।

गली में किसी कुतिया के ब्याने पर चने और गुड़ का प्रसाद बाँटना भी तो दादी माँ ने ही सिखाया था, जो हमारे समाज की किसी समय शोभा हुआ करता था, जिसमें एकता और सहयोग का भाव बखूबी झलकता था। थोड़ा-थोड़ा करके ढेर सारा सामान उस घर से निकलता था, जहाँ सुविधाएँ बहुत सीमित हुआ करती थीं। एक साधारण-सा टेबल फैन का भी घर में होना बहुत बड़ी बात हुआ करती थी, लेकिन मन का अपनापन और दया का भाव हर कोने में बसा होता था।

दादी माँ ने हमें जीने का जो तरीका सिखाया, उसमें सिर्फ खुद के लिए जीना शामिल नहीं था। उन्होंने हमें सिखाया कि हमारी जिम्मेदारी सिर्फ हमारे परिवार तक सीमित नहीं होनी चाहिए, बल्कि उन सभी के प्रति होनी चाहिए, जो इस धरती पर हमारे साथ रहते हैं। वो पक्षी जो हमारी छत पर दाना चुगने आते थे, वो कुत्ते जो दरवाजे पर बैठकर हमें एक रोटी की आस में बड़े प्रेम से देखा करते थे, वो गाय जो रोज़ सुबह-सुबह आकर घर के बाहर खड़ी हो जाती थी.. ये सभी हमारी ज़िंदगी का हिस्सा थे, और दादी माँ ने हमें सिखाया कि इनका भी उतना ही ध्यान रखना चाहिए, जितना कि हम अपनों का रखते हैं।

आज जब बड़े शहरों की ज़िंदगी में इंसान अपने कामों में व्यस्त हो गया है, तब दादी माँ की दी हुई सीखें और भी महत्वपूर्ण हो जाती हैं। छतों पर बैठे कबूतर और अन्य पक्षी इस इंतज़ार में बैठे रहते हैं कि किसी को तो उन पर दया आएगी.. किसी को तो ख्याल आएगा कि बेज़ुबानों को भी भूख और प्यास लगती है.. इस आस में वे बेचारे भूखे-प्यासे ही उड़ जाते हैं और किसी और दर पर भटकने को मजबूर हो जाते हैं। गाय और कुत्ते भी अब शहरों की भीड़ में कहीं खो गए हैं। अब न कोई आँगन में बैठे कबूतरों के लिए दाना डालता है, न ही कोई बेज़ुबान जानवरों को रोटी खिलाने की परवाह करता है। बड़े ही शर्म की बात है कि हमने एक सभ्यता खो दी है। हम अब सिर्फ अपने घरों, कामों और मोबाइल की स्क्रीन में सिमटकर रह गए हैं। दादी माँ ने हमें यह सिखाया था कि जीवन का असली आनंद देना है, न कि सिर्फ लेना। हम तो यह भी भूल गए.. देने की चाह और देकर खुशी के मायने देखने की तलब भी अब हम में कहाँ बची है? खुद में हम इतने मगन हो गए हैं कि हर जीव का हमारे जीवन में महत्व है, यह भी भूल चले हैं।

दादी माँ ने हमें ये अनमोल सीख दी, क्योंकि उनके पुरखों से उन्हें ये बातें और आचरण सौगात में मिले थे। हमें यह सब सिखाने का उनका उद्देश्य हम में अच्छे संस्कारों के बीज बोना था, ताकि फलदार पेड़ के रूप में हम अपनी आने वाली पीढ़ियों को भी यह विरासत सौंप सकें। लेकिन, आज हम क्या कर रहे हैं? हम इस बात को ठीक से समझ भी नहीं पा रहे हैं कि हमने इन संस्कारों को विलुप्त होने की कगार पर खड़ा कर दिया है। मुझे तो लगता है कि जिस दिन हमारी आने वाली पीढ़ियाँ हमारे संस्कारों के बारे में जानेंगी, तो वे सिर्फ किताबों में ही पढ़ पाएँगी कि कभी हमारे समाज में पशु-पक्षियों के लिए भी स्थान हुआ करता था।

ज़रा सोचिए, हम अपनी आने वाली पीढ़ियों को क्या देंगे? क्या वे यह जान पाएँगे कि कभी इंसान अपने घर के आँगन में बैठकर परिंदों को दाना खिलाता था? क्या वे समझ पाएँगे कि किसी ज़माने में इंसान सिर्फ इंसानों से नहीं, बल्कि हर जीव से प्रेम करता था? यदि आज हम अपनी आदतों और व्यवहार में बदलाव नहीं ला पाए न, तो हमारी आने वाली पीढ़ियाँ सिर्फ इतिहास के पन्नों में ही यह पढ़ेंगी कि हमारे समाज में खुद के साथ ही अन्य प्राणियों के लिए भी स्थान था।

यदि हम अपनी दादी माँ को हमेशा-हमेशा के लिए अमर रखना चाहते हैं, तो उनकी दी हुई सीखों को बचाने के लिए अभी से कदम उठाने होंगे। हमें यह समझना होगा कि इस धरती पर सिर्फ इंसानों का हक नहीं है, हर जीव का समान अधिकार है। हमें फिर से वही स्नेह, वही अपनापन और वही दया का भाव अपनाना होगा, जो दादी माँ हमें सिखाकर गईं। अब भी समय है कि हम अपने जीवन में बदलाव और फिर से दादी माँ की सीखों को अमल में लाएँ, ताकि हम न सिर्फ अपने जीवन में सुधार कर सकें, बल्कि हमारी आने वाली पीढ़ियाँ भी इस धरोहर को संजोकर रख सकें।

ज़िंदगी दिखावे से ज्यादा,
जीने की चीज़ है.. भूल बैठी है नई पीढ़ी

02

ज़िंदगी दिखावे से ज्यादा, जीने की चीज़ है.. भूल बैठी है नई पीढ़ी

एक समय था जब घरों में खामोशी इबादत की तरह होती थी, लेकिन अब तो खामोशी भी बेहद डरावना रूप ले चुकी है। एक समय वह भी था जब रिश्ते धीरे-धीरे परिपक्व होते थे, अब तो इंस्टेंट कॉफी की तरह बनने और टूटने लगे हैं।

यह एक ऐसा कड़वा सच है, जिसके दलदल में नई पीढ़ी धीरे-धीरे फँसती चली जा रही है। और तो और इसका असर हमारी पीढ़ी पर भी दिखने लगा है। हम सब उस दिशा में बढ़ रहे हैं, जहाँ सब कुछ है, सिर्फ अपनापन नहीं।

आजकल की दोस्ती, प्यार, शादी.. सब कुछ जैसे एक शोर बनकर रह गया है। रिश्तों में संवाद कम, शक ज्यादा हावी हो गया है। साथ होना अब साझेदारी नहीं, एक कॉम्पिटिशन बन गया है.. रिश्ते में शामिल लोग इसी ताक में बैठे रहते हैं कि कौन पहले थक कर साथ छोड़ेगा।

हर रिश्ता जैसे कोर्टरूम बन गया है, जहाँ हर बात का जवाब सबूत के साथ माँगा जाता है। "तुम्हें क्यों पसंद किया?", "किससे बात कर रहे थे?", "कहाँ थे?", और जवाब न मिले तो, "मैं तुम्हें छोड़ दूँगा", "किसी और को पा लूँगी", "तलाक ले लेंगे" और भी न जाने क्या-क्या। इस तरह की कटु और दिल को छलनी करने वाली भाषा अब गुस्से की नहीं रही, यह आदत की बन गई है।

सोशल मीडिया ने भी इस आग में घी डालने का कुछ कम काम नहीं किया है। पुराने ज़माने की "दूसरों की खिचड़ी में घी ज्यादा दिखना" कहावत भी इस नए ज़माने में आकर सच हुई है। दूसरे के जीवन से लोग जलते हैं और दूसरों के जीवन को देखकर लोग सोचते हैं कि आखिर सामने वाला इतना खुश क्यों है? लेकिन, पूछना तो दूर, यह कोई नहीं सोचता कि क्या वह सच में खुश है?

हालात ये हैं कि इंस्टाग्राम की रील्स और फोटोज़ में चेहरों पर स्माइल होती है, लेकिन असल ज़िंदगी में साइलेंस। ज़िंदगी अब जीने की नहीं, दिखाने की चीज़ बन गई है।

कभी-कभी तो लगता है कि नई पीढ़ी अपना वजूद भूलकर बस दूसरों को यह साबित करने में लग गई है कि "मैं भी कुछ हूँ", "मेरे पास भी सब कुछ है।"लेकिन, हकीकत यह है कि जितनी ताकत रिश्तों में 'सुनने' की होती है, उतनी 'सुनवाने' में नहीं। आज की पीढ़ी सब कुछ जल्दी चाहती है.. सफलता भी, प्यार भी, पहचान भी और समस्या का हल भी। मेरे मायने में तो नई पीढ़ी इतनी जल्दबाजी में है कि प्यार का असली अर्थ तक समझ नहीं सकी है। उन्हें कोई बताए कि प्यार तो सब्र का दूसरा नाम होता है, प्यार में तो रुकना होता है, सुनना होता है, सहना होता है। लेकिन, अपने आप को मॉडर्न कहने वाली इस पीढ़ी में सब आज कमजोरी मान लिए गए हैं।

पहले के रिश्तों में छोटी-मोटी अनबन से लेकर बड़ी से बड़ी लड़ाई के बाद भी एक थाली में खाना खाया जाता था, आज हालात ये हैं कि लड़ाई के बाद तो सीधे ब्लॉक ही कर दिया जाता है। कहने का अर्थ है कि बुरा लगना या मन का न होना आज किसी रिश्ते से भी ऊपर जा बैठा है। पहले कहा जाता था, "चलो बैठकर बात करते हैं और जो भी मसला है, उसे सुलझा लेते हैं", अब कहा जाता है, "न बात करनी है, न सुननी है।" हाथ में मोबाइल और सेटिंग में जाकर सीधा ब्लॉक.. उसके बाद तू कौन और मैं कौन?

सवाल यह नहीं है कि नई पीढ़ी कहाँ जा रही है, सवाल तो यह है कि नई पीढ़ी किस दिशा में जा रही है। नई पीढ़ी ने सच की दुनिया से परे एक अलग ही दायरा बना लिया है.. यह पीढ़ी अपने ऊपर ऐसा आवरण ओढ़कर बैठी है, जिसका वास्तविकता से कोई लेना-देना नहीं है। इन्हें भर-भर कर फॉलोअर्स चाहिए, लेकिन साथ देने वाला कोई नहीं.. और न ही इन्हें खुद किसी का सच्चा हमदम बनना है।

हमारे ये बच्चे अब अपनों से भी अपने बनकर नहीं रह पा रहे हैं। इससे बड़ी दुर्दशा और क्या ही होगी.. एक ही घर में माता-पिता और बच्चे रह तो रहे हैं, लेकिन अलग-अलग कमरों, अलग-अलग स्क्रीन और अलग-अलग दुनिया में। अपनों से बातचीत की कमी इतनी है कि बच्चों को अब अपने ही माता-पिता से बात करना या कुछ शेयर करना अजीब लगने लगा है। बच्चों को लगता है कि माता-पिता समझेंगे नहीं, और माता-पिता सोचते हैं कि बच्चे सुनेंगे नहीं।

यदि नई पीढ़ी को इस दलदल से बाहर निकालना है, तो शुरुआत वहीं से करना होगी, जहाँ से यह दूरी शुरू हुई.. घर से। हर दिन कुछ मिनट या घंटों का समय ऐसा तय किया जाए, जहाँ कोई मोबाइल न हो, कोई टीवी न हो.. सिर्फ सवाल हों, और उनके वास्तविक जवाब।

"आज का दिन कैसा रहा?", "क्या अच्छा लगा, क्या बुरा?", "आज के दिन में कोई बदलाव चाहते, तो क्या बदलते?" ये छोटे-छोटे सवाल बच्चों को एहसास दिलाते हैं कि उनकी बात मायने रखती है।

ज़राआज की जरूरत यही है कि हम इक्यू (इमोशनल कोशेंट) को आईक्यू (इंटेलिजेंस कोशेंट) से ऊपर रखें। इंसान को नंबर्स से नहीं, उसकी संवेदनाओं से आँकें। कारण कि स्कूलों में मैथ्स और साइंस तो सिखाई जाती है, लेकिन रिश्तों को निभाना, असफलता को स्वीकारना और किसी के दर्द को समझना, यह सब कोई नहीं सिखाता। पहले घरों में यह परवरिश दी जाती थी, लेकिन अब तो यह भी इतिहास बनकर रह गया है.. आजकल काम की होड़ में पेरेंट्स के पास इसका समय ही कहाँ बचा है..

तो अगली बार जब आपका बच्चा गुस्से में हो, तो उसे चुप कराने के बजाए पूछिए, "क्या तकलीफ है?" नई पीढ़ी को भी इस तरह की पहल करके खुद को संभालने की जरुरत है.. जब आपका पार्टनर नाराज़ हो और तेज़ आवाज़ में कुछ बोल रहा हो, तो "क्यों चिल्ला रहे हो?" यह पूछने के बजाए कहिए, "मैं सुन रहा हूँ।" क्योंकि कभी-कभी ज़िंदगी सिर्फ सुन लिए जाने से भी थोड़ी बेहतर हो जाती है।

रसोई का पलायन

03

रसोई का पलायन

आज जब रसोई में स्टील के डब्बों से लेकर माइक्रोवेव की बीप तक सब कुछ शोर करता है, तब अनायास ही स्मृति में गूँज उठती है वह धीमी-धीमी आवाज़ चूल्हे के नीचे जलती लकड़ी की चिट-चिट की.. और वह कभी न भूली जा सकने वाली याद.. आँच पर सौंधी-सी रोटी पकने की, पीतल की कढ़ाही में सरसों के तेल की आती खुशबू की और उसके साथ कानों में सुनाई पड़ती दादी माँ की मीठी-सी गुनगुनाहट की।

सच-मुच दादी की रसोई कोई साधारण रसोई नहीं थी, वह तो एक जीवंत किताब थी, जिसमें स्वाद, स्वास्थ्य, परंपरा और संवेदना, सब कुछ साथ-साथ पका करता था। मिट्टी के चूल्हे पर रोटियाँ फूलतीं, और ताजे घी की महक पूरे घर को अपने आगोश में भर लेती। और फिर, जब दादी एक किनारे बैठकर सबसे पहली रोटी गाय के लिए और आखिरी रोटी कुत्ते के लिए निकालतीं, तब लगता, जैसे रसोई नहीं, एक धर्म का घर हो।

लेकिन, अब तो वह रसोई, सारे संस्कार, सादगी और स्नेह के साथ, एक अनसुने सन्नाटे के साथ हमारे जीवन से पलायन कर चुकी है। हर दिन का भोजन अब महज़ भूख मिटाने का माध्यम बन गया है। दादी माँ की रसोई में जो भाव था, जो मौसमी समझ और आयुर्वेदिक संतुलन हुआ करता था, वह सब अब रेफ्रिजरेटर की प्लास्टिक ट्रे में सिमटकर रह गया है। गर्मियों के मौसम में मशहूर वह कैरी का पना अब बॉटल में आता है, सर्दियों में घर पर बनने वाले सूखे मेवे, मैथी दाने और उड़द के लड्डू भी तो अब मिठाई की दुकान से खरीदे जाते हैं, और तो और बरसात की वो गरमा-गर्म पकौड़ियाँ और चाय भी अब किसी कैफे के मेन्यू कार्ड पर पड़ी होती हैं। यह बात और है कि स्वाद से उसका कोई लेना-देना नहीं..

दादी माँ बिना किसी डिग्री के एक चलती-फिरती औषधशाला थीं। उनके "थोड़ी-सी अजवायन भी डाल दो" में पेट के हर दर्द की दवा हुआ करती थी, और "इसमें गुड़ डालो, गला ठीक रहेगा" में मौसम के बदलते मिज़ाज की समझ। यह कोई रट कर सीखी हुई विद्या नहीं थी, यह अनुभव की सौंधी-सौंधी परतों से निकला जीवन-सिद्ध ज्ञान था। दादी कहा करती थीं, "बेटा, जो खाना दवा बन जाए, वही असली खाना होता है।"

और सच मानिए, उस समय का हर निवाला शुद्ध था, स्वास्थ्यवर्धक था, और सबसे बड़ी बात वह संजीवनी जैसा था। आज वह खाना महज़ कैलोरी बन कर रह गया है.. और दादी, एक धुँधली-सी परछाईं। अब की रसोई सिर्फ स्टेनलेस स्टील की अलमारियों और स्मार्ट डिवाइसेज़ का कोना बन चुकी है। जहाँ कभी हँसी-ठिठोली में पकते थे पराठे, अब वहाँ साइलेंट चिमनी की भूले-चूके आवाज़ भी सुनाई नहीं देती। सब कुछ 'क्विक' और 'इंस्टेंट' हो गया है। फूड डिलीवरी ऐप्स के नोटिफिकेशन अब दादी की पुकार को निगल चुके हैं। गरम रोटी के साथ पिघलता मक्खन अब सिर्फ गूगल में सर्च किए हुए फोटोज़ में ही तो रह गया है, और असल ज़िंदगी में तो अब डिब्बाबंद स्वाद का राज चलता है।

दादी की रसोई दरअसल एक पाठशाला थी, जहाँ हर काम अपने आप में एक संस्कार था। आटे को गूँथते समय धैर्य सिखाया जाता था, सब्जी काटते हुए एकाग्रता का पाठ पढ़ाया जाता था और मसालों को तवे पर भूनते समय सही समय पर प्रतिक्रिया देना सिखाया जाता था। यह सब कुछ बिना किसी प्रवचन के, रोज़मर्रा के जीवन में घुला हुआ पाठ था। लेकिन, आज के बच्चों के हाथ में बेलन नहीं, मोबाइल है, रोटी की गोलाई अब उतनी मायने नहीं रखती, जितना मायने रखता है वीडियो कॉल का सही एंगल।

उनकी रसोई में सिर्फ स्वाद नहीं, सह-अस्तित्व का भाव पकता था। हर जीव के लिए एक हिस्सा रखा जाता था.. गाय के लिए पहली रोटी, कुत्ते के लिए आखिरी, चींटियों के लिए आटा। पुराने समय में रसोई सिर्फ इंसानों के लिए नहीं थी, पूरी सृष्टि के लिए अर्पण हुआ करती थी। उस रसोई का तो पलायन हो चुका है.. अब वहाँ मॉड्यूलर किचन रहने लगा है, जहाँ बेआवाज़ भूख के लिए कोई दराज नहीं बनी.. वहाँ सिर्फ चमकदार बर्तनों की सजावट है, जिसमें करुणा का कोई कोना नहीं।

आज का मॉडर्न ज़माना इतना खोखला है कि उनके असल जीवन में दादी की रसोई का भले ही कोई महत्व न हो, लेकिन हैश टैग लगाकर 'दादी की रसोई' खूब ट्रेंड करेगा.. और तो और ऐसे ही किसी जज़्बाती नाम से खुले रेस्तरां से खाना मँगाकर खाना भी उन्हें खूब लुभाएगा।

बताओ क्यों.. क्योंकि असल में दादी के हाथ की फुल्के वाली गोल-गोल रोटियों को बनने में समय लगता है, और यहाँ तो सब कुछ 'इन मिनट्स डिलीवर' चाहिए, फिर भले ही कितनी देर पहले की बनी हुई रोटियाँ उस डिलीवरी के साथ आ रही हों.. उससे क्या ही फर्क पड़ता है। दादी की रसोई को तो हमने ऐड शूट्स में कैद करके रख दिया है, जहाँ हाथ नहीं, स्क्रिप्ट चलती है। अब कहानियाँ बुनती नहीं रोटियाँ, अब बटर चिकन की प्लेट के साथ नोस्टैल्जिया फ्री मिलता है।

दीवार पर टंगी उनकी पुरानी तस्वीर भी शायद यही सोचकर मुस्कुराती है कि क्या कोई फिर से उस मिट्टी की सौंधी खुशबू को वापस लाएगा? क्या कोई फिर से चूल्हे की आँच में अपनी थकान मिटाएगा? रसोई का यह पलायन महज़ कुछ व्यंजनों का नहीं, बल्कि हमारी पूरी जीवनशैली का है। यह उन संबंधों का विस्थापन है, जो पकते-पकते और भी गहरा रंग लाते थे। जो रोटियाँ सिर्फ पेट नहीं भरती थीं, बल्कि रिश्तों को भी सींचती थीं। आज आधुनिकता ने हमें खूब सुख-सुविधा दी है, लेकिन वह आत्मीयता नहीं दे सकी, जो दादी माँ अपने हाथों की छुअन से रोटियों में भर देती थीं।

यदि हम चाहते हैं कि हमारी अगली पीढ़ी भी खाने को सिर्फ पेट भरने का नहीं, आत्मा को तृप्त करने का माध्यम समझे, तो हमें फिर से उन स्मृतियों की रसोई की ओर लौटना होगा। हमें गैस पर तवे की जगह मिट्टी की महक महसूस करनी होगी, और रेसिपी से ज्यादा रिश्तों पर ध्यान देना होगा।

हमें इस सच को सच मानना होगा कि रसोई सिर्फ ईंधन और भोजन का स्थान नहीं होती, वह प्रेम, परंपरा और परवरिश की पहली पाठशाला होती है। वहाँ हर कड़ाही में संस्कार पकते थे, हर मसाले में स्मृति पिसती थी और हर रोटी में स्नेह पलता था। और दादी माँ.. वे उस अनमोल परंपरा की पहली कवयित्री थीं, जिनके छंद आज भी हमारी स्मृति में महकते हैं। तो अभी-भी देर नहीं हुई है, रसोई अभी ज्यादा दूर नहीं गई है.. इसे पहले कि वह हमसे इतनी दूर चली जाए कि फिर कभी वापस न आ सके, उसके पलायन को रोक लीजिए..

धर्म का व्यवसाय.....

04

धर्म का व्यवसाय.....

धर्म, एक ऐसा शब्द है, जिसे सुनते ही मन में पवित्रता और शांति का अनुभव होने लगता है। यह एक ऐसी प्राचीन धारणा है, जो मनुष्य को नैतिकता, आध्यात्मिकता और सन्मार्ग की ओर प्रेरित करती है। धर्म का उद्देश्य सदा से व्यक्ति को ईश्वर और आत्म-साक्षात्कार की ओर ले जाना रहा है, ताकि वह छल, कपट और लालच जैसे विकारों से परे निकलकर अपना कल्याण कर सके। धर्म वह तत्व है, जो मनुष्य को पशुत्व से उठाकर देवत्व तक पहुँचाने की क्षमता रखता है। परंतु आधुनिक समय में, धर्म अपनी गरिमा खोते हुए, कमाई का एक साधन बन चुका है।

समाज में आज कई सामाजिक और सांस्कृतिक मुद्दे हैं, जो मन को अंदर तक झकझोर कर रख देते हैं। उनमें धर्म का व्यवसायीकरण भी एक अहम् मुद्दा है। आज धर्म एक ऐसी वस्तु बन गया है, जिसका उपयोग लाभ अर्जित करने के लिए किया जा रहा है। यह पैसे कमाने का आसान माध्यम बन गया है। धार्मिक स्थलों पर धन का बोलबाला साफ दिखाई देता है। आज आप चाहे किसी भी धार्मिक स्थल पर चले जाएँ, आपको इसके साक्ष्य साफ ही दिखाई पड़ जाएँगे। दर्शन, प्रसाद और दान-दक्षिणा हर जगह केवल पैसों को ही प्राथमिकता मिलती है। जो जितना पैसा देगा, भगवान को वह उतने ही करीब से देख सकता है और जो सक्षम नहीं, वह दूर से ही अपने ईश्वर की एक झलक पाकर मन को मना लेने को मजबूर है।

धर्म एक ऐसा साधन बन गया है, जिससे कमाई निश्चित है। इसलिए हर कोई अपने अनुसार इसका उपयोग कर रहा है। आजकल कथावाचक या धर्मगुरु बनना भी एक नया पेशा बन गया है, जिसमें सफलता की ग्यारंटी पढ़े-लिखे इंजीनियर और डॉक्टर से कहीं ज्यादा है। माया से दूर रहने का ज्ञान देने वाले ही आज सबसे ज्यादा विलासिता और एशो-आराम का जीवन जी रहे हैं। कथा और प्रवचन, जो पहले समाज कल्याण और आत्मशुद्धि के लिए हुआ करते थे, आज लाखों-करोड़ों रुपए की फीस पर आधारित हो गए हैं। हर कोई धर्म का झंडा उठाकर ज्ञान की गंगा बहा रहा है। सोशल मीडिया के युग में यह व्यवसाय और भी फल-फूल रहा है, जहाँ लोग धर्म और आस्था जैसे संवेदनशील विषयों को लाइक और व्यूज़ के लिए उपयोग कर रहे हैं। मीडिया भी इस प्रवृत्ति से अछूता नहीं है।

टीआरपी और चैनल की लोकप्रियता के लिए मीडिया अक्सर धर्मगुरुओं के बीच बहस आयोजित करता है। धार्मिक मतभेदों को उभारकर समाज में वैमनस्य पैदा करना और इससे लाभ कमाना, मीडिया की जैसे कार्यप्रणाली बन गई है। आध्यात्मिक कार्यक्रम, जो समाज कल्याण और आत्मा की शुद्धि के उद्देश्य से आयोजित होते थे, अब बड़े व्यवसाय बन गए हैं। इन कार्यक्रमों में भाग लेने के लिए महँगी टिकटें लगाई जाती हैं और आयोजकों का ध्यान समाज कल्याण से अधिक, आर्थिक लाभ पर होता है।

धर्म, जीवन जीने का एक तरीका है, जो व्यक्ति को सदाचार, नैतिकता और आत्मिक उन्नति का मार्ग दिखाता है। परंतु वर्तमान परिदृश्य में धर्म केवल कमाई का साधन बनकर रह गया है। यह आवश्यक है कि धर्म की गरिमा और उसके मूल उद्देश्यों को पुनर्स्थापित किया जाए। इसकी सबसे बड़ी जिम्मेदारी उन लोगों पर है, जो धर्म के रक्षक और प्रचारक होने का दावा करते हैं।

धर्म केवल आध्यात्मिकता का विषय नहीं, बल्कि समाज के लिए एक प्रेरणा और मार्गदर्शन का स्रोत भी है। इसे व्यवसाय के दायरे से बाहर निकालना हर जागरूक नागरिक का कर्तव्य है। धर्म को व्यापार बनने से बचाने के लिए हमें अपनी सोच बदलनी होगी। इसे आस्था और विश्वास का जरिया बनाए रखना होगा, न कि पैसा कमाने का साधन।

उतना ही लें थाली में, व्यर्थ न जाए नाली में..

05

उतना ही लें थाली में, व्यर्थ न जाए नाली में..

कुछ दिन पहले एक शादी समारोह में जाना हुआ, वहाँ की चकाचौंध देखते ही बनती थी। समारोह की रौनक देखकर ही पता चल रहा था कि काफी खर्च किया गया है। जब खाने की तरफ बढ़ा, तो देखा वहाँ खाने की कई वैरायटीज़ थी। मेन कोर्स अलग और बाकी स्टॉल्स अलग। वहाँ देखता क्या हूँ कि लोग हर व्यंजन को लेने के लिए तो उत्सुक थे, लेकिन उसे पूरा खाने के लिए नहीं। यहाँ तक कि कई लोग तो ऐसे भी थे कि कोई डिश बड़े ही चाव के साथ ली, एक चम्मच चखी और पूरी की पूरी प्लेट ऐसे ही फेंक दी। कोई छोटा बच्चा ऐसा करता, तो उसे समझाया भी जाता, लेकिन जब बड़े ही ऐसा करें, तो क्या कहा जाए। यह देखकर मन बहुत विचलित हुआ।

आज-कल शादी-ब्याह जैसे समारोहों में ये नज़ारे बहुत आम हैं। जरुरत से ज्यादा खाना और उस खाने की बर्बादी। हम भी किसी शादी में मेहमान बनकर जाते समय और खाने की बर्बादी करते समय यह तक नहीं सोचते हैं कि किसी पिता ने अपनी जिंदगी की पूरी कमाई, इस शादी में लगा दी होगी। उसने अपनी कितनी इच्छाएँ मार के पैसा जोड़ा होगा और तब जाकर हमें ये विभिन्न प्रकार के व्यंजन परोसे होंगे।

हमारी निर्ममता की हद तो यह है कि हम मेहमान बनकर पहले तो शादी में जाते हैं, खाने का नुकसान करते हैं और फिर उसी शादी में खाने और बाकी चीजों की कमियाँ निकालते हैं। बिना यह सोचे कि इतना सब जुटाने में किसी पिता की कितनी मेहनत और पैसा लगा होगा। न ही खाना फेंकते समय हम उस किसान के बारे में सोचते हैं, जिसने कड़ी मेहनत से यह अनाज उगाया होगा, जो आज हमारी थाली में है और जिसे हम इतनी निर्दयता से फेंक रहे हैं। अन्न का महत्व समझना है, तो किसी भूखे को जूठन से खाना उठाकर खाते देखो। किस तरह वह खाना देखकर उसकी तरफ दौड़ पड़ता है। उसकी भूख उसे इस बात की परवाह नहीं करने देती कि यह भोजन तो किसी की जूठन है। उसे तो बस खाने से मतलब होता है, और एक हम हैं, जिसके पास भरपेट और मन लायक खाने के लिए पर्याप्त अन्न है, फिर भी हम अन्न की महत्वता को समझ नहीं पा रहे हैं। समाज के नागरिक होने के नाते क्या हम इतना भी नहीं कर सकते कि हमारी थाली में जो अन्न आया है, उसका सम्मान करें और उसे व्यर्थ जाने से रोकें, ताकि जो जरूरतमंद हैं एवं जिन्हें एक समय का भोजन भी मुश्किल से ही मिलता है, यह उन लोगों तक पहुँच पाए।

शादी-ब्याह जैसे समारोहों में जितना जरुरी हो, उतना ही खाना बनवाएँ और उतना ही अपनी थाली में लें, या बचे खाने के लिए ऐसी कोई व्यवस्था करें कि बचा हुआ खाना डस्टबिन में जाने के बजाए जरुरतमंद लोगों तक पहुँच सके।

कृषि और ऋषि प्रधान इस देश में यदि हम ही अन्न का महत्व नहीं समझेंगे, तो फिर कौन समझेगा। हमारी प्राचीन संस्कृति में तो अन्न को साक्षात ईश्वर मानते हुए 'अन्नम् वै ब्रह्म' लिखा गया है। वैदिक संस्कृति में भोजन मंत्र का प्रावधान है, जिसका सामूहिक रूप से पाठ कर भोजन ग्रहण किया जाता है। हमारे यहाँ भोजन के दौरान 'सहनौ भुनक्तु' कहा जाता है, इसके पीछे भावना यह है कि मेरे साथ और मेरे बाद वाला भूखा न रहे। क्या हम फिर से इसी भावना को जाग्रत नहीं कर सकते.. बिल्कुल कर सकते हैं, तो अगली बार खाना लेते समय इस बात का ध्यान रखें कि उतना ही लें थाली में, व्यर्थ न जाए नाली में..

अश्लीलता की बाढ़ में बर्बाद होती युवा पीढ़ी

06

अश्लीलता की बाढ़ में बर्बाद होती युवा पीढ़ी

सोशल मीडिया और ओटीटी प्लेटफॉर्म पर बढ़ती अश्लीलता, देश के लिए नई चुनौती खड़ी कर रही है...

भारतीय संस्कृति में सदाचार, चरित्र निर्माण, विनम्रता, प्रेम, दया, त्याग और आदर-सम्मान जैसे सद्गुणों को हमेशा से ही प्रमुखता दी गई है। इसके बावजूद, समाज में बढ़ते अपराध और नैतिक पतन की खबरें हमें आए दिन देखने, सुनने और पढ़ने को मिलती रहती हैं। इन बढ़ते अपराधों को देखकर कई बार मेरे मन में यह प्रश्न उठता है कि जब हमारी शिक्षा प्रणाली और संस्कारों में नैतिकता और आदर्शों पर इतना जोर दिया गया है, तो क्यों समाज के कुछ लोग पथभ्रष्ट होकर सामाजिक ताने-बाने को दूषित करने में लगे हुए हैं? इसका एक प्रमुख कारण सोशल मीडिया और ओटीटी प्लेटफॉर्म पर बेलगाम और तेजी से बढ़ती अश्लीलता और अनुशासनहीनता है।

सोशल मीडिया और इंटरनेट की भूमिका आज की दुनिया में अत्यंत महत्वपूर्ण हो गई है। लेकिन, जैसे कि हर सिक्के के दो पहलू होते हैं.. जहाँ एक ओर सोशल मीडिया ने हमें कई सुविधाएँ दी हैं, वहीं दूसरी ओर इसके दुष्प्रभाव भी हमारे सामने आ रहे हैं। एक तरफ यूट्यूब और गूगल जैसे प्लेटफॉर्म्स के जरिए हम हर प्रकार की जानकारी तुरंत प्राप्त कर सकते हैं। लेकिन, इसका नकारात्मक पक्ष भी है और वह है सोशल मीडिया पर अश्लील सामग्री की बाढ़, जो तेजी से हमारे समाज को खोखला कर रही है।

आज स्थिति यह है कि जहाँ देखो, वहाँ अश्लीलता छाई हुई है। सोशल मीडिया प्लेटफॉर्म्स पर वीडियो और रील्स में अश्लीलता इतनी सामान्य हो गई है कि इसे नज़रअंदाज करना मुश्किल होता जा रहा है। बात यहीं खत्म नहीं होती; ओटीटी प्लेटफॉर्म्स पर प्रसारित होने वाली वेब सीरीज़ और शोज़ भी उसी राह पर चल रहे हैं। इनमें से अधिकांश कॉन्टेंट इतना अश्लील और भड़काऊ होता है कि आप परिवार के साथ उसे देख भी नहीं सकते। क्रिएटिविटी के नाम पर इन प्लेटफॉर्म्स ने अशिष्टता और गाली-गलौज को सामान्य बना दिया है। ऊपर से यह कॉन्टेंट आज हर वर्ग की पहुँच में है। यह स्थिति तब और चिंताजनक हो जाती है, जब छोटे बच्चे और किशोर ऐसे कॉन्टेंट से प्रभावित होकर अपने जीवन में उन चीज़ों की नकल करते हैं।

नतीजा यह है कि बच्चे भी गालियाँ, हिंसा और अश्लीलता सीख रहे हैं।

हाल ही में एक वेब सीरीज़ आई, जिसमें कामुकता और हिंसा के ऐसे दृश्य दिखाए गए कि हॉलीवुड तक भी शायद शरमा जाए। इस प्रकार के कॉन्टेंट से भारतीय समाज और संस्कृति का ताना-बाना बुरी तरह बिखर रहा है। हमारी फिल्म इंडस्ट्री भी ऐसी ही फिल्मों और वेब सीरीज़ पर केंद्रित हो रही है, जिनका उद्देश्य सिर्फ विवाद खड़ा करना है और सामाजिक जागरूकता व शिक्षा जैसे विषयों से जिनका कोई नाता नहीं है।

अश्लील सामग्री का सबसे ज्यादा प्रभाव हमारी युवा पीढ़ी पर पड़ रहा है। ऑनलाइन शिक्षा के बढ़ते चलन ने बच्चों के हाथों में स्मार्टफोन दे दिए हैं, जिससे अब माता-पिता के लिए यह पता करना कठिन हो गया है कि क्या उनके बच्चे केवल पढ़ाई के लिए ही फोन का उपयोग कर रहे हैं। ऊपर से अश्लील कॉन्टेंट तक पहुँच इतनी आसान हो चुकी है कि नाबालिग भी इसे बिना किसी रोक-टोक के देख सकते हैं। सोशल मीडिया और ओटीटी प्लेटफॉर्म्स पर परोसी जा रही गंदगी युवाओं को नैतिक रूप से कमजोर कर रही है। किशोर और युवा, जो मानसिक रूप से पूरी तरह से परिपक्व नहीं होते हैं, उनके आदर्श और व्यवहार में अश्लील कॉन्टेंट देखकर विकार आने लगता है। लेकिन, हर किसी को केवल अपने मुनाफे की पड़ी है, भले ही इसके चलते आने वाली पीढ़ी गलत दिशा में ही क्यों न जा रही हो। यह स्थिति इस कदर गंभीर हो चुकी है कि इसे रोकने के लिए सख्त कदम उठाने की आवश्यकता है।

इस स्थिति पर लगाम लगाने के लिए सरकार को सख्त नियम बनाने चाहिए और अश्लीलता फैलाने वाले सभी सोशल मीडिया और ओटीटी प्लेटफॉर्म्स पर कड़ी निगरानी रखनी चाहिए। साथ ही, ऐसी साइट्स, जो असामाजिक कॉन्टेंट को बढ़ावा देती हैं, उन्हें तुरंत प्रभाव से ब्लॉक करना चाहिए। जिस प्रकार थिएटर में बच्चों को एडल्ट फिल्मों से दूर रखा जाता है, उसी प्रकार ओटीटी प्लेटफॉर्म्स पर भी ऐसी व्यवस्था करनी होगी, ताकि वेब सीरीज़ और फिल्मों में दिखाई जाने वाली अश्लीलता को रोका जा सके। ओटीटी प्लेटफॉर्म्स को सेंसर बोर्ड के अंतर्गत लाने की भी आवश्यकता है, ताकि इनके कॉन्टेंट को परखा जा सके। हालाँकि, सरकार अपनी ओर से प्रयास कर रही है, जैसे भारत सरकार ने 2021 में नए आईटी नियम लागू किए, जिनमें सोशल मीडिया पर फैलाए जा रहे अश्लील कॉन्टेंट को रोकने के प्रावधान किए गए हैं। इन नियमों के तहत, सोशल मीडिया कंपनियों को गलत और फेक कॉन्टेंट के सोर्स की जानकारी देनी होती है, जिससे यह पता लगाया जा सके कि ऐसे कॉन्टेंट को सबसे पहले किसने साझा किया था। परंतु यह सिर्फ शुरूआती कदम है।

सरकार के साथ-साथ, समाज, कॉन्टेंट क्रिएटर्स और इन्फ्लुएंसर्स को भी अपनी जिम्मेदारी समझनी होगी। कॉन्टेंट क्रिएटर्स को यह ध्यान रखने की जरुरत है कि उनके द्वारा बनाए गए कॉन्टेंट का प्रभाव समाज पर क्या पड़ेगा। उन्हें गंभीरता से इस पर विचार करना होगा कि उनका हर कॉन्टेंट किसी न किसी रूप में समाज के हर वर्ग को प्रभावित करता है, इसलिए उन्हें अपनी रचनात्मकता का उपयोग समाज के हित में करना चाहिए। दर्शकों को भी समझना चाहिए कि क्या देखना सही है और क्या गलत, जब हम अपनी और से असामाजिक चीजों का विरोध करेंगे, तो ही इनके निर्माण पर रोक लगेगी। सोशल मीडिया और ओटीटी प्लेटफॉर्म्स पर अश्लीलता को रोकना सिर्फ कानूनी जिम्मेदारी नहीं है, बल्कि यह हमारी नैतिक और सामाजिक जिम्मेदारी भी है, क्योंकि सरकार चाहे कितने भी नियम बना ले, जब तक हम सामाजिक रूप से अपनी जिम्मेदारी नहीं समझेंगे, इस समस्या का समाधान होना संभव नहीं है। इसलिए जरुरी है कि सभी इस विषय पर सख्त हों।

मंदिरों में बढ़ती भीड़: आस्था या दिखावा?

07

मंदिरों में बढ़ती भीड़: आस्था या दिखावा?

कई सालों पहले जब हम मंदिर जाया करते थे, तो वहाँ का दृश्य अलग ही हुआ करता था। शांतिपूर्ण माहौल, घंटियों की मधुर ध्वनि और श्रद्धालुओं की आँखों में भक्ति की चमक। लोग भगवान के दर्शन के लिए आते थे, उनकी आराधना करते थे और मन की शांति पाते थे। लेकिन, आजकल का नजारा कुछ बदला हुआ-सा दिखाई देता है। आजकल मंदिरों में जहाँ चले जाओ वहाँ भीड़ ही भीड़ दिखाई देती है, जहाँ हर कोई अपने हाथ में मोबाइल या कैमरा लिए दिखाई देता है। लोगों के बीच जैसे सबसे अच्छी फोटो या रील बनाने की कोई होड़-सी लगी हुई है। आपने भी देखा होगा कि आजकल हर धार्मिक स्थल पर लाखों की भीड़ इकट्ठा हो रही है। लेकिन इस भीड़ में से कितने लोग सचमुच भगवान की आराधना करने आते हैं? इस भीड़ को देखकर मेरे मन में प्रश्न उठता है कि क्या वाकई लोगों में इतनी आस्था जाग चुकी है या यह केवल सोशल मीडिया पर वायरल होने के लिए दिखावा हो रहा है??

इस स्थिति को देखकर लगता है कि आजकल मंदिरों में आस्था से अधिक सोशल मीडिया का बोलबाला है। लोग दर्शन करने से पहले अपने कैमरे तैयार रखते हैं, और पूजा की जगह पर एक अच्छी सेल्फी की चिंता उनमें कुछ ज्यादा ही होती है। घंटों लाइन में लगने के बाद, जैसे ही दर्शन का मौका मिलता है, भगवान के सामने हाथ जोड़ने से पहले कैमरा चालू हो जाता है। शायद यही है आज की 'आधुनिक भक्ति'..

आज के समय में मंदिरों और धार्मिक स्थलों पर जो भीड़ इकट्ठा होती है, उसमें सच्चे भक्त कम ही मिलेंगे, ज्यादातर तो 'रील प्रेमी' ही नजर आएँगे, जिनके लिए धार्मिक स्थल केवल अपनी सोशल मीडिया प्रोफाइल को सजाने के एक सेल्फी पॉइंट बन गए हैं। ऐसा लगता है जैसे पूजा और भक्ति भी अब एक 'कॉन्टेंट क्रिएशन' का हिस्सा हैं। और यह सब शायद इसलिए होता है, ताकि सोशल मीडिया पर दोस्तों और परिचितों को दिखाया जा सके कि वे कितने धार्मिक और भगवान के प्रति समर्पित हैं।

इसका एक उदाहरण है केदारनाथ मंदिर। हर साल लाखों लोग इस तीर्थ यात्रा पर जाते हैं। पहले जहाँ लोग पहाड़ों की कठिन यात्रा कर भगवान शिव के दर्शन करने जाते थे, वहीं आज के समय में लोग मुख्यतः सेल्फी लेने और वीडियो बनाने के लिए इस पवित्र स्थान पर जाते हैं।

केदारनाथ की कठिन यात्रा भी अब 'व्लॉग' का हिस्सा बन गई है। भगवान के दर्शन से पहले लोग यह देखना पसंद करते हैं कि उनकी तस्वीरें कितनी 'लाइक' और 'शेयर' हो रही हैं।

ऐसे में, सवाल उठता है कि यदि भक्ति सच्ची है, तो क्या इसके लिए सोशल मीडिया पर दिखावा करना जरुरी है? क्या हम बिना किसी को बताए, बिना किसी स्टेटस या पोस्ट के भगवान की आराधना नहीं कर सकते? इस स्थितियों देखकर कभी-कभी लगता है कि यदि मंदिरों में मोबाइल फोन पर रोक लगा दी जाए, तो शायद इस भीड़ का एक बड़ा हिस्सा गायब हो जाएगा। हालाँकि, अब कई धार्मिक स्थलों पर मोबाइल फोन पर आंशिक या पूर्ण प्रतिबंध भी लगाए जा रहे हैं, ताकि इस अनचाही भीड़ को कम किया जा सके। उदाहरण के लिए, अयोध्या स्थित राम लला के मंदिर में मोबाइल पर पूर्ण प्रतिबंध है। यही वजह है कि वहाँ का अनुभव अन्य मंदिरों की तुलना में कहीं अधिक शांतिपूर्ण और ध्यानपूर्ण होता है।

भक्ति का असली मतलब यह है कि आप अपने सच्चे मन से भगवान को याद करें। यदि आपकी आस्था सच्ची है, तो भगवान के दर्शन के लिए आपका वहाँ होना ही काफी है। उसके लिए सेल्फी, स्टेटस और वीडियो की कोई जरुरत नहीं है। असली भक्ति तो वह होती है, जो आप अपने दिल में महसूस करें, चाहे आप मंदिर में हों, अपने घर पर हों या फिर कहीं और। भगवान हर जगह हैं, और सच्चा भक्त वही है, जो बिना किसी दिखावे के उन्हें महसूस कर सके। यह सच है कि मंदिर जाना और तीर्थ करना हमारी संस्कृति का एक महत्वपूर्ण हिस्सा है, लेकिन इसका मतलब यह नहीं कि हम उस संस्कृति को दिखावे और मोबाइल की दुनिया में खो दें। मोबाइल फोन और सोशल मीडिया का उपयोग कोई बुरी बात नहीं है, लेकिन जब यह हमारी भक्ति और आस्था को प्रभावित करने लगे, तो हमें रुककर सोचने की जरूरत है।

हमें यह समझना चाहिए कि भक्ति और आस्था हमारे निजी भाव होते हैं। इसके लिए सोशल मीडिया का सहारा लेने की कोई आवश्यकता नहीं है। आस्था को अपनी सीमा में रखें और उसे दिखावे की चीज़ न बनाएँ। यदि हमें सच्चे अर्थों में भक्ति का अनुभव करना है, तो हमें भगवान से जुड़े रहने के लिए दिल से जुड़ने की जरूरत है, न कि कैमरे से। भक्ति और आस्था का असली अनुभव वही होता है, जब आप उसे बिना किसी दिखावे के अपने भीतर महसूस करते हैं।

आजकल की शादियाँ दिखावा..?

08

आजकल की शादियाँ दिखावा..?

देव उठने के साथ ही शादियों का सीज़न शुरू हो चुका है। इस सीज़न में जीवन की नई शुरुआत करने वाले नव दंपतियों को मेरी ओर से ढेर सारी शुभकामनाएँ...। आने वाले कुछ महीनों तक शहनाइयों की गूँज और शादियों की चमक-दमक बनी रहेगी। आप में से भी ऐसे कई लोग होंगे, जिनके घर शादी के न्यौते आ चुके होंगे या जिनके घर में ही शादी होगी। ईश्वर से यही कामना है कि आपके घर का आयोजन हँसी-खुशी संपन्न हो। लेकिन, अपने इस आयोजन को पारिवारिक मेल-जोल का जरिया बनाने का प्रयास करेंगे, तो यह ज्यादा सफल बन सकेगा, क्योंकि आजकल हमारे यहाँ बड़ी-बड़ी और महँगी शादियाँ करना एक चलन बन गया है, इसे व्यक्ति की प्रतिष्ठा से जोड़ा जाने लगा है।

जो जितनी महँगी शादी का आयोजन कर रहा है, उसे समाज में उतना ही संपन्न माना जाने लगा है। बात सिर्फ महँगी शादी की नहीं है। शादी जितने दिन तक चलेगी, उसे उतनी ज्यादा मान्यता दी जाएगी, जिसमें छोटी-छोटी रस्मों के लिए भी बड़े-बड़े आयोजन होना जरुरी है। फिर हर आयोजन के अनुसार अलग-अलग पहनावा जैसे मेहंदी के लिए हरे कपड़े, हल्दी की रस्म में शामिल होना है तो पीले रंग के कपड़े, उस पर कुछ पाश्चात्य संस्कृति का भी दिखावा करने के लिए कॉकटेल पार्टी, बॉलीवुड के किसी समारोह की तरह दिखने वाला संगीत का समारोह, इतना होना तो बहुत ही आवश्यक है।

इन आयोजनों का खर्च जितना मेजबान पर भारी पड़ता है, उससे ज्यादा महँगे ये मेहमानों के लिए भी साबित होते हैं। आपको जिस आयोजन में शामिल होना है, उसके हिसाब से कपड़े होना चाहिए, और अगर नजदीकी रिश्तेदार के यहाँ शादी है, तो फिर पूरा परिवार ही जाएगा। मतलब जितने लोग उतने ही नए कपड़े होना जरुरी है। अब जितने अलग प्रकार के कपड़े उतना ही बनाव-श्रृंगार का सामान भी चाहिए। फिर आप शादी में खाली हाथ तो नहीं जाएँगे। मतलब शगुन या तोहफे का खर्च भी जोड़ लीजिए। जब शादी इतनी भव्य की जा रही है, तो भेंट भी वैसी ही होनी चाहिए।

इसके अलावा, मशहूर हस्तियों को देखकर आजकल डेस्टिनेशन वेडिंग का एक नया ट्रेंड चला है।

लोग अपने शहर से दूर जाकर शादियाँ करने लगे हैं, जिसमें गिनती के मेहमानों को बुलाया जाता है। मतलब आप किसी के बहुत ही करीबी होंगे, तो ही आपका नाम मेहमानों की लिस्ट में दर्ज किया जाएगा। अब जब आप इतने करीब के रिश्तेदार हैं, तो जाना भी आवश्यक है। लेकिन, मान लीजिए कि डेस्टिनेशन वेडिंग का डेस्टिनेशन आपके शहर से बहुत दूर है, तो सभी रस्मों में शामिल होने के लिए बनाव-श्रृंगार का खर्चा तो बढ़ा ही और अब आने-जाने का खर्च अलग से..। यह चलन मेहमान और मेजबान के लिए तो महँगा है ही, लेकिन इसका एक पक्ष यह भी है कि इससे रिश्तों में दूरियाँ आ रही हैं। जिन्हें नहीं बुलाया गया, उनके मन में यह विचार आना तो स्वाभाविक है कि हम करीब नहीं इसलिए हमें नहीं बुलाया गया। यह आपकी एक नकारात्मक छवि बनाता है और रिश्तों में दरार का कारण बनता है।

आजकल शादियों में दिखावा बहुत आम हो गया है। इस दिखावे के चलते शादियों में कई प्रकार के पकवान बनवाए जाते हैं। स्टॉल्स अलग, मेन कोर्स अलग, उसमें भी हर चीज़ के कई विकल्प तीन प्रकार की सब्जियाँ और पाँच तरह की मिठाइयाँ होना तो जरुरी हो गया है। सब मिलकर इतना खाना हो जाता है, जितना एक आम व्यक्ति एक बार में शायद ही खा पाए। नतीजा यह होता है कि खाने की बर्बादी होती है। लोग शौक-शौक में ढेर सारा खाना ले लेते हैं, फिर न खा पाने की स्थिति में यह सारा खाना व्यर्थ जाता है। खाना बचता भी बहुत है, जिसे कई बार फेंक दिया जाता है। इससे नुकसान तो होता ही है, साथ ही अन्न का अपमान होता है।

शादियों के बदलते नए-नए ट्रेंड ने शादियों को खर्चीला बना दिया है, जिसे वहन करना एक आम आदमी के लिए संभव नहीं, तो फिर गरीबों की तो बात ही क्या की जाए.. एक गरीब व्यक्ति जो ठीक से दो वक्त का खाना नहीं जुटा पाता, उसके लिए तो यह सब सपना ही है। तो क्या गरीब व्यक्ति अब शादी भी न करे? इस देश में करीब 37 प्रतिशत लोग आज भी गरीबी और अभाव में जी रहे हैं। उनके लिए इस तरह के आयोजन करना संभव नहीं और न किए जाए, तो बात इज्जत पर आ जाएगी। इसलिए अपने मान-सम्मान को बनाए रखने के लिए ये लोग कर्ज का सहारा लेते हैं और एक नई मुसीबत के भंवर में फंस जाते हैं। आपके आस-पास ही आपको ऐसे कई उदाहरण देखने को मिल जाएँगे।

सोचिए कि यदि कोई व्यक्ति गरीब है या उसकी आय ही इतनी नहीं कि इन खर्चों के लिए खर्च कर सके, तो क्या वह अब शादियों में ही न जाए.. जरा विचार कीजिए कि आपका यह आयोजन उसके लिए कितनी बड़ी चिंता खड़ी कर देगा, जिसकी इतनी आमदनी नहीं कि फिजूल के खर्चों में पैसा बहाया जाए। शादी-ब्याह के आयोजन नए रिश्तों का स्वागत करने के लिए होते हैं, न कि किसी की गरीबी का उपहास उड़ाने या रिश्तों में दूरियाँ बनाने के लिए। शादी-ब्याह के आयोजन करें, लेकिन उन लोगों का भी ख्याल रखें, जो अभाव का जीवन जी रहे हैं।

कोई भी बड़ा आयोजन करने से पहले विचार कीजिए कि अपने घर के आयोजन में दिखावा करके आप समाज के सामने कोई गलत उदाहरण तो नहीं रख रहे हैं।

आपका यह आयोजन किसी के घर का बजट तो नहीं बिगाड़ देगा। शादी-ब्याह के आयोजन कीजिए, लेकिन इस तरह कि ये आपके रिश्तों की मिठास को बढ़ाएँ, न कि किसी की जेब पर एक और बोझ बन जाएँ..

आधी रात में केक काटने का चलन:

उत्सव या दिखावा?

09

आधी रात में केक काटने का चलन: उत्सव या दिखावा?

कुछ दिनों पहले ही मेरा जन्मदिन बीता, रात के 12 बजते ही अचानक से फोन बज उठा। जन्मदिन की बधाई देने के लिए परिचितों के मैसेज की जैसे कतार-सी लग गई, ऐसा लग रहा था मानों रात के 12 बजे का समय एकदम से विशेष बन गया हो। घर में भी हर कोई जाग रहा था, मेरी बिटिया हाथ में केक और चेहरे पर चिरपरिचित मुस्कान लिए मेरे पास आई। सभी की खुशी का ध्यान रखते हुए रात में ही केक काटा गया और जन्मदिन मनाया गया। जन्मदिन तो खुशी-खुशी मन गया, लेकिन मेरे मन में एक सवाल छोड़ गया कि बचपन में तो हम रात में केक नहीं काटा करते थे, तो फिर यह रात में केक काटने का चलन आखिर क्यों चल पड़ा है और इसके पीछे क्या कारण है??

मुझे आज भी याद है, बचपन में जन्मदिन का आगाज़ सूरज की पहली किरण के साथ होता था। सुबह उठते ही सबसे पहले नहाना, फिर पूजा करना और उसके बाद बड़ों का आशीर्वाद और सबकी बधाइयाँ लेना। यही हमारे लिए जन्मदिन होता था। लेकिन, आजकल जन्मदिन की शुरुआत आधी रात में केक काटकर होने लगी है। सिर्फ जन्मदिन ही क्यों, आजकल तो यह चलन खुशी के हर मौके पर ही देखने को मिलने लगा है। यह केवल युवा पीढ़ी तक ही सीमित नहीं रहा, बल्कि बड़ों-बच्चों, सभी के जन्मदिन या विवाह की सालगिरह पर रात में केक काटा जाने लगा है। यह चलन इस कदर हमारी संस्कृति में हावी हो चुका है कि देवी-देवताओं के त्यौहारों पर भी केक काटे जा रहे हैं। क्या यह सही है, या फिर हम पाश्चात्य संस्कृति की अंधी नकल में फंसते जा रहे हैं?

इस बदलाव के पीछे एक बड़ी वजह है हमारी तेजी से बदलती जीवनशैली, जो मुख्य रूप से वैश्वीकरण, आधुनिकता और सोशल मीडिया से प्रभावित हो रही है। हम आजकल हर चीज़ को ग्लैमरस बनाना चाहते हैं। जन्मदिन हो या कोई भी खुशी का मौका, उसे यादगार बनाने के लिए हम हर संभव कोशिश करते हैं। और इसमें पाश्चात्य संस्कृति की चमक-धमक हमें सबसे ज्यादा आकर्षित कर रही है। ऊपर से आजकल सोशल मीडिया पर दिखावा करने की होड़-सी लगी हुई है, जहाँ कोई भी नया ट्रेंड चला, तो हमें भी उसकी नकल करना जरुरी हो गया है। वरना हमें पुरानी सोच का माना जाएगा। और पुरानी सोच का माना जाना हमें गंवारा नहीं होगा, इसलिए हम भेड़चाल में चलने के आदी हो गए हैं।

इसके अलावा, ऑनलाइन डिलीवरी सर्विसेस ने इस कल्चर को और भी बढ़ावा दे दिया है। अब आप आधी रात को भी अपने दरवाजे पर केक मंगवा सकते हैं, जिससे आधी रात में केक कटिंग का यह रिवाज और भी ज्यादा देखने को मिल रहा है। रात में केक कटिंग का बढ़ता चलन इस बात का प्रतीक है कि हम आधुनिकता की आड़ में कहीं न कहीं अपनी सांस्कृतिक जड़ों से दूर होते जा रहे हैं। जरूरी नहीं कि हर नया ट्रेंड सही हो और उसे अपनाया ही जाए, साथ ही यह भी सही नहीं है कि अपनी परंपराओं को छोड़ दिया जाए। हमारी संस्कृति की गहराई को समझते हुए हमें यह तय करना होगा कि हमें कौन-सा नया ट्रेंड अपनाना चाहिए और कौन-सा नहीं। या किसी ट्रेंड को अपनाने के पीछे कोई सार्थक कारण है या नहीं, इस पर भी विचार करना चाहिए। मैं आधुनिकता या पाश्चात्य संस्कृति का विरोधी नहीं हूँ। लेकिन, बिना दिमाग लगाए नकलबाजी और दिखावा, मेरी समझ से परे है। इससे बेहतर है कि हम अपनी पुरानी परंपराओं को नए तरीके से अपनाएँ, जिससे परंपराओं और आधुनिकता दोनों की अहमियत बनी रहे।

रात में केक काटने और दिखावा करने के बजाए, जन्मदिन का उत्सव अपनी संस्कृति को ध्यान में रखते हुए भी तो मनाया जा सकता है। जैसे देर रात को जन्मदिन मनाने की जगह जन्मदिन पर सुबह जल्दी उठा जाए। अंग्रेजी में 'हैप्पी बर्थडे' गाने के बजाए इसे हिंदी या संस्कृत में गाया जाए। मोमबत्तियाँ बुझाने की जगह जन्मदिन की शुरुआत पाँच दीए जलाकर की जाए। शोर-गुल वाली पार्टियों की जगह कोई धार्मिक कार्यक्रम किया जाए, जो मन को शांति और आनंद दे।

यह केवल बोलने की बातें नहीं हैं, बल्कि इन सुझावों का अनुसरण मैंने अपने जीवन में भी किया है। इस बार का मेरा जन्मदिन मेरे दिए गए सुझावों की तरह ही मनाया गया। और सच मानिए पारंपरिक तरह से मनाए गए जन्मदिन में जो आनंद और खुशी है, वह शोर गुल वाली पार्टियों में कहाँ?

अगली बार जब किसी का बर्थडे हो, तो सोचिएगा कि क्या यह जरूरी है कि रात के 12 बजे ही केक काटा जाए? या फिर हम अपनी पुरानी परंपराओं के साथ नए अंदाज में भी खुशियाँ मना सकते हैं? किसी भी बदलाव को समझदारी से अपनाना चाहिए। बिना सोचे-समझे किसी भी ट्रेंड को अपनाने से बेहतर है कि हम अपनी सोच को बेहतर बनाएँ और सही निर्णय लें। यही हमें एक समझदार और संवेदनशील समाज की ओर ले जाएगा, जहाँ आधुनिकता और परंपरा का मेल हमें अपनी पहचान से जोड़े रखेगा।

आधुनिकता की दौड़ में खोता अपनापन......

10

आधुनिकता की दौड़ में खोता अपनापन......

भारत हमेशा से 'वसुधैव कुटुम्बकम' के सिद्धांत पर विश्वास करने वाला देश रहा है। एक समय भारत ऐसा देश था, जहाँ संयुक्त परिवार जीवन का अभिन्न हिस्सा हुआ करते थे। यह वही देश है, जहाँ तीन-चार पीढ़ियाँ एक ही छत के नीचे रहा करती थीं। हर उम्र के लोग एक-दूसरे के साथ हँसी-खुशी के पलों को साझा किया करते थे। रिश्तों की गहराई, भावनाओं की मिठास और एक-दूसरे के साथ का जो एहसास था, वह संयुक्त परिवारों की सबसे बड़ी ताकत थी। लेकिन, जैसे-जैसे हम आधुनिकता की ओर बढ़े धीरे-धीरे सब ओझल होता गया।

60 साल पहले तक भारतीय समाज में संयुक्त परिवार एक सामान्य बात थी। दादा-दादी, माता-पिता, भाई-बहन और चचेरे-ममेरे रिश्तेदार एक ही घर में साथ रहते थे। बड़े बुजुर्ग अपने अनुभव से परिवार का मार्गदर्शन करते थे, और बच्चे उनकी सेवा में आत्मीयता से लगे रहते थे। सब एक-दूसरे के सुख-दुःख में साथ खड़े रहते थे। बच्चों का पालन-पोषण संयुक्त परिवार के हँसी-खुशी वाले वातावरण में होता था, जहाँ उन्हें माता-पिता के अलावा घर के अन्य सदस्यों का भी स्नेह मिलता था। घर में रिश्तों का एक ऐसा मजबूत ताना-बाना बुना हुआ करता था, जिसमें हर व्यक्ति अपने आप को सुरक्षित महसूस करता था।

पहले एक छत के नीचे चार-चार पीढ़ियाँ भी साथ रहा करती थीं, लेकिन समय के साथ धीरे-धीरे परिवार छोटे होते चले गए। परिवार अब तीन पीढ़ियों तक सिमट गया, जहाँ पति-पत्नी, उनके माता-पिता और बच्चे साथ रहते थे। 10-12 सालों के अंतराल में परिवार और भी छोटे हो गए। अब केवल पति-पत्नी और उनके बच्चे ही परिवार कहलाने लगे। जीवनशैली की तेजी और बढ़ती व्यस्तता के कारण अब घर के बड़े भी अलग रहने लगे। परिवार में केवल तीन या चार लोग रह गए। इस तरह एकल परिवार की अवधारणा तेजी से फैलने लगी।

वर्तमान की बात करें, तो कई परिवारों में सिर्फ पति-पत्नी और उनकी एक संतान का होना ही परिवार माना जाने लगा है। और अब, जैसे-जैसे हम आधुनिकता की ओर और बढ़ रहे हैं, कई दंपत्ति ऐसी भी हैं, जो संतान को अपने जीवन का हिस्सा बनाना ही नहीं चाहते।

उनके लिए केवल वे दोनों ही पर्याप्त हैं। बहुत-से लोग अब परिवार के विस्तार की जगह एक पालतू जानवर को घर का सदस्य मान लेते हैं। पालतू जानवर अब ज्यादा चहेते हो गए हैं, और परिवार का रूप पूरी तरह से बदलता जा रहा है।

इस बदलाव का मुख्य कारण सामाजिक और आर्थिक परिस्थितियों में आया बदलाव है। लोग नौकरी, शिक्षा, और बेहतर जीवन स्तर की चाह में अपने गाँव-घर छोड़कर शहरों की ओर पलायन करने लगे। इस प्रक्रिया में परिवारों के बीच की नज़दीकियाँ कम होने लगीं। शहर की भागदौड़ भरी जिंदगी ने और उलझा दिया। साथ ही, निजी जीवन की चाहत और महँगाई ने भी अहम् भूमिका निभाई।

इसमें पश्चिमी संस्कृति का असर भी पड़ा, वहाँ बच्चों का अपने माता-पिता से अलग रहना एक सामान्य बात है। देखा-देखी में हमने यह चलन भी अपना लिया। ऊपर से फिल्मों और टीवी धारावाहिकों ने भी इसमें कोई कमी नहीं छोड़ी। सास-बहु के षड्यंत्र और रिश्तों के बीच की कड़वाहट देखकर हमने भी छोटे परिवार में रहने का मन बना लिया। इस देखा-देखी में जिस तेजी से हम आधुनिक होते जा रहे हैं, वह दिन दूर नहीं जब पति-पत्नी भी अलग-अलग शहरों में रह रहे होंगे। हमें इस बात का अहसास ही नहीं है कि व्यक्तिगत स्वतंत्रता की चाह में हम अपनी जड़ों से दूर होते जा रहे हैं। क्या यह वही विकास है, जिसका सपना हमने देखा था?

जो आधुनिकता हमें कई अवसर और प्रगति के रास्ते दिखा रही है, वही हमसे आत्मीयता और एकता छीनती जा रही है। कहने को तो आज हम सोशल मिडिया की जरिए हर किसी से जुड़े हुए हैं। लेकिन, सच में देखा जाए, तो हम बिल्कुल अकेले हैं। महानगरों में यह ज्यादा देखने को मिल रहा है। एक शहर में रहते हुए भी हम महीनों तक रिश्तेदारों से नहीं मिलते। अपनापन सिर्फ एक शब्द रह गया है। इस स्थिति को देखते हुए कभी-कभी तो डर लगता है कि हम अभी-भी नहीं संभले, तो भविष्य में परिवार नाम की संस्था भी खत्म हो सकती है। आधुनिकता की इस दौड़ में, हमें यह याद रखना होगा कि परिवार सिर्फ रिश्तों का बंधन नहीं, बल्कि हमारे जीवन की आधारशिला भी है। हमारी सच्ची प्रगति अपनी सफलता और परिवार के बीच संतुलन बनाए रखने में ही निहित है।

लिफाफे का नया चलन....

11

लिफाफे का नया चलन....

हम भारतीयों के जीवन में लिफाफे का महत्व किसी मूल्यवान वस्तु से कम नहीं है। शादी हो, सालगिरह हो, बच्चे का जन्म हो, या फिर कोई और खास मौका, शगुन का लिफाफा हर जगह अपनी उपस्थिति दर्ज कराता है। लेकिन ज़रा सोचिए, क्या हो यदि यह परंपरा सिर्फ खुशी के मौकों तक सीमित न रहे, बल्कि जीवन के कठिन समय में भी लोगों की मदद के लिए इस्तेमाल की जाए?

जी हाँ, मैं बात कर रहा हूँ उन लिफाफों की, जिनमें रुपए-पैसे रखकर अक्सर हम शादी या किसी और मंगल कार्य में भेंट के रूप में देते हैं। लेकिन, यदि यही लिफाफा हम किसी के अस्पताल में भर्ती होने पर, किसी की मृत्यु के समय या फिर किसी आकस्मिक घटना के समय भी देने लगें, तो समाज में कितनी सकारात्मकता आ सकती है। क्या आपने इस पर कभी विचार किया है? आखिर मुश्किल समय में ही पैसों की सबसे ज्यादा जरूरत होती है, तो सिर्फ मंगल कार्यों में ही हम अपने परिजनों के साथ क्यों रहें? मुसीबत की घड़ी में भी हमें उनके साथ खड़ा रहना चाहिए।

मान लीजिए, आपका कोई मित्र अचानक बीमार हो गया और उसे अस्पताल में भर्ती कराना पड़ा। अस्पताल में इलाज का खर्च आसमान छू रहा है। ऐसे समय में, यदि हर मिलने वाला उसके लिए एक लिफाफा भी लेकर जाए, तो यकीन मानिए, वह व्यक्ति न सिर्फ अपने प्रियजनों की दरियादिली का कायल हो जाएगा, बल्कि उसकी आर्थिक समस्या भी थोड़ी कम हो जाएगी। यह छोटा-सा बदलाव उसके भावनात्मक और आर्थिक दोनों पहलुओं को मजबूत करेगा, जो उसे इस मुश्किल घड़ी से निकलने में मदद करेगा। इसमें कोई दो राय नहीं है कि अस्पताल का खर्च किसी शादी के खर्च से कम नहीं होता और कभी-कभी तो उससे भी ज्यादा होता है। मंगल कार्यों के खर्च में एक बार कटौती की भी जा सकती है, लेकिन मुश्किल के समय में वह भी संभव नहीं हो पाता। तो क्यों न ऐसे वक्त में भी लिफाफे के जरिए अपने प्रियजनों की मदद की जाए?

बचपन में मैंने अपने बड़ों से सुना था, "किसी के सुख में साथ रहो या न रहो, लेकिन दुःख में साथ रहना चाहिए।" मेरा खुद का मानना भी यही है।

कई बार दुःख की घड़ी में हम अपने प्रियजनों की मदद करना चाहते हैं, लेकिन सही अवसर नहीं मिल पाता या फिर हम समझ नहीं पाते कि कैसे मदद की जाए। ऐसे में, एक छोटा-सा लिफाफा हमारी उस भावना को व्यक्त करने का साधन बन सकता है। यह लिफाफा केवल कुछ पैसों का नहीं, बल्कि हमारे स्नेह, सहयोग और सांत्वना का प्रतीक होगा।

शगुन का लिफाफा देना एक पुरानी परंपरा है, जिसके पीछे का कारण यही है कि खुशी के मौके पर हम अपने प्रियजनों के साथ अपनी खुशी साझा करना चाहते हैं और उनके जीवन की नई शुरुआत में अपना योगदान देना चाहते हैं। आमतौर पर शादी के बाद नए जोड़े के पास इतना धन होता है कि वे अपनी जरूरतों को पूरा कर सकें।

लोग दुःख में हैं कैसे पता लगेगा, कई लोग अपना दुःख बताते हैं, कई लोग अपना दुःख नहीं बता पाते हैं। इसलिए अपनों के संपर्क में बने रहें और जहाँ जरुरत लगे आर्थिक मदद का एक लिफाफा जरुर भेंट करें। यह न केवल हमारी पुरानी परंपरा को नए रूप में जीवित रखेगा, बल्कि समाज में भी एक नया संदेश देगा कि हम एक-दूसरे के सुख-दुःख में हमेशा साथ हैं। और आखिर में, यही तो असली इंसानियत है, है न!

समाज और राजनीति

भीड़ में खामोशी..

01

भीड़ में खामोशी..

हलचल भरी और खचाखच भीड़ वाली सड़कों पर जहाँ शहरी जीवन की दैनिक लय लोगों के जमावड़े के साथ पूरी होती है, वहाँ इस भीड़ के भारी शोर के बीचों-बीच कुछ लोग चुपचाप सादगी से चंद रुपए कमाने की आस में खुद से ही एक खामोश जंग लड़ रहे होते हैं। उनके जीवन का यह पिन ड्रॉप साइलेन्स बिल्कुल वैसा ही होता है, जैसे क्लास में हल्ला होने पर टीचर बच्चों को चुप होने के लिए कहती हैं, और उसके बाद एक अजीब-सा सन्नाटा छा जाता है उस क्लास में, जिसमें अभी चंद मिनट पहले मानों सब्जी बाजार लगा हुआ था।

कल्पना कीजिए एक फल विक्रेता की, जिसका ठेला कई तरह के रंग-बिरंगे फलों से सजा हुआ है, दर्जी कपड़े में न जाने कितनी कहानियाँ सिल रहा है, और मोची खुले आसमान के नीचे पहने हुए जूतों की मरम्मत कर रहा है। उनके छोटे-से व्यवसाय में आकर्षक लोगो या विज्ञापन के बड़े-बड़े बजट नहीं होते, ये बिना ब्रांडिंग के ही फलते-फूलते हैं। ये फलते-फूलते हैं उनकी कड़ी मेहनत, समर्पण और दरियादिली से, जिसके बूते ग्राहक खुद ही उनकी तरफ खींचे चले आते हैं। उनका यह स्वभाव और अथाह मेहनत ही उनके द्वारा बेचे जाने वाले सामान का वास्तविक ब्रांड है। यह बहुत गहरा कारक है, लेकिन अफसोस, हम में से किसी का भी इस बात पर ध्यान नहीं जाता है।

तथ्य यह है कि हमारा समाज अक्सर प्रोडक्ट्स की वास्तविक गुणवत्ता से अधिक ब्रांड के नामों को महत्व देता है। साफ शब्दों में कहूँ, तो हम सामान पर लगे लेबल को देखकर ब्रांड को आँकते हैं। लेबल पर यह फोकस हमारे सतही मूल्यों को दर्शाता है। उनकी कड़ी मेहनत और कौशल के बावजूद, रोजमर्रा के कारीगरों को अक्सर नज़रअंदाज कर दिया जाता है। हम सोचते हैं कि असली मोल ब्रांड के नाम और ऊँची कीमतों वाले टैग से आता है, लेकिन हम गैर-ब्रांडेड वस्तुओं की प्रामाणिकता और शिल्प कौशल को भूल जाते हैं। हम रुझानों की पूँछ पकड़ कर उनके पीछे-पीछे चलते जाते हैं, फिर हमें इस बात से भी कोई मतलब नहीं होता कि वह हमें किस दिशा में ले जा रही है। हम भेड़ चाल के साथ चलते चले जाते हैं और इस बात को नजरअंदाज कर देते हैं कि असली मूल्य किसी प्रोडक्ट के सार और उसके पीछे की कहानी में निहित होता है, लेबल में नहीं।

उन लोगों की कहानियों के बारे में सोचने के लिए कुछ समय निकालें, जो आपकी भाषा में बिना ब्रांड वाले प्रोडक्ट्स या सेवाएँ देते हैं। महिलाएँ अपने हाथों की जादूगरी से सुंदर-सुंदर टोकरियाँ और चटाइयाँ बुनती हैं, पुरुष अपने हाथों से मजबूत जूते बनाता है, किसान ताज़ी सब्जियाँ उगाता है, कुम्हार मिट्टी में जान फूँककर एक से एक बढ़कर बर्तन और सजावट के सामान बनाता है, दर्जी घंटों बैठकर आपके लिए एक-से बढ़कर एक परिधान सिलता है, मंदिर और बाग-बगीचों के बाहर गुड़िया के बाल बेचने वाला चिलचिलाती धूप में सिर्फ इसी आस में बिना किसी शिकायत के अपना पसीना पानी की तरह बहाता है कि शायद कोई बच्चा उसके इन गुड़िया के बाल को देखकर जिद कर लेगा, और उसकी चंद कमाई हो जाएगी। ऐसे, हजारों उदाहरण हैं, जिनके बारे में यदि बात करने बैठा, तो लेख खत्म हो जाएगा, लेकिन उदाहरण नहीं।

मेरे मायने में ये लोग ही चलते-फिरते ब्रांड हैं, जिनमें से प्रत्येक के पास संघर्ष और दृढ़ता की अपनी एक अलग कहानी है। कहानी, जो न सिर्फ अनकही, बल्कि अनसुनी भी है। उनका काम उनके कौशल और समर्पण को दर्शाता है, फिर भी इस पर किसी का ध्यान नहीं जाता, क्योंकि यह किसी प्रतिष्ठित लेबल के साथ नहीं आता है।

अगली बार जब आप खरीदारी करें, तो अपनी पसंद के प्रभाव पर एक बार विचार जरूर करें। आपके द्वारा खरीदी गई ब्रांडेड वस्तुएँ बेशक फैशनेबल हो सकती हैं, लेकिन गैर-ब्रांडेड वस्तुओं का मूल्य उससे भी अधिक गहरा होता है। एक मूल्य, जो उन्हें बनाने वाले लोगों के जीवन और संघर्ष में निहित होता है। यदि आप इन प्रोडक्ट्स का समर्थन करने लगेंगे, तो आपको बता दूँ, आप चंद वस्तुओं की खरीदारी ही नहीं करेंगे, बल्कि आप उनकी कड़ी मेहनत को भी स्वीकार करेंगे और उनका और उनके काम का सम्मान भी करेंगे।

अब समय आ गया है कि हम एक ब्रांड होने के मतलब की परिभाषा एक बार फिर से रचें। समय है लेबल और मूल्य टैग से परे देखने का और प्रोडक्ट्स और उनके पीछे के लोगों के वास्तविक मूल्य को समझने का, उस भावना को समझने का, जो किसी ब्रांड से कम नहीं। अमीर की ब्रांड को तो हर कोई चमकाता है, क्यों न इस बार गरीबी के ब्रांड को भी चमकने का मौका दिया जाए और उनके ब्रांड को भी ब्रांड बनाया जाए। आखिरकार, एक ब्रांड की पहचान सिर्फ लोकप्रियता और भाग्य तक ही सीमित नहीं होना चाहिए, बल्कि यह प्रामाणिकता, गुणवत्ता और इंसान की भावना के बारे में होना चाहिए।

जरुरत है अनब्रांडेड, अनदेखे और कम मूल्यों वाली वस्तुओं की सराहना करें और उनका समर्थन करें। ऐसा करके, हम उन लोगों के जीवन को सफल बनाने में अभूतपूर्व योगदान देते हैं, जो स्वयं दिन-रात एक करके अथाह मेहनत से इन सामग्रियों को बनाते हैं और अपने जीवन को मानवता के सच्चे सार से समृद्ध करते हैं।

देश से गरीबी का नाम-ओ-निशान ही गायब

02

देश से गरीबी का नाम-ओ-निशान ही गायब

सूरज अपनी हल्की किरणें बिखेर रहा था और मैं बालकनी में बैठकर अखबार के पन्ने पलट रहा था। एक हेडलाइन पर नज़र ठिठक गई: "भारत अब गरीबी मुक्त देश बन चुका है!"

मेरी आँखें चमक उठीं। क्या यह सच में संभव हो गया? क्या अब कोई भी सड़क किनारे भूखा नहीं सोता? क्या अब किसी भी माँ को अपने बच्चे को भर पेट भोजन कराकर खुद भूखा नहीं सोना पड़ता? क्या सच में कोई हाथ अब भीख माँगने के लिए नहीं फैलते?

मन में हज़ारों सवाल उठने लगे, लेकिन जो मैं देख रहा था, वह तो बिल्कुल अलग ही दुनिया थी। हर चेहरे पर मुस्कान.. गली-मोहल्लों में तो एक अलग ही नज़ारा था। पहले जहाँ बच्चे नंगे पाँव, फटे कपड़ों में भीख माँगते दिखते थे, वहीं अब हर बच्चा स्कूल जा रहा था। और सिर्फ स्कूल ही नहीं, बल्कि उनके बैग में हर किताब थी, यूनिफॉर्म एकदम साफ-सुथरी और चेहरे पर वह मासूम मुस्कान थी, जो हर बच्चे के चेहरे पर होनी चाहिए। बाजारों में रौनक थी, लेकिन यह पहले जैसी नहीं थी। अब लोग जरूरतों से समझौता नहीं कर रहे थे। दुकानों में हर कोई बिना सौदेबाजी किए सामान खरीद रहा था, क्योंकि अब किसी के पास पैसों की तंगी नहीं थी। सब्जी वाले, दूकानदार, ऑटो ड्राइवर, हर किसी के माथे पर चिंता की नहीं संतुष्टि की लकीरें दिखाई दे रही थीं।

गाँवों में भी बड़ा बदलाव आ चुका था। किसान अब फसल के दाम के लिए परेशान नहीं थे। सरकार की योजनाओं ने किसानों को इतना सशक्त बना दिया था कि अब वे कर्ज़ के बोझ तले नहीं दबते थे। उनकी उपज का सही दाम उन्हें मिल रहा था और उनकी आमदनी इतनी हो चुकी थी कि वे अपने बच्चों को अच्छे स्कूल भेज रहे थे, बेहतर घरों में रह रहे थे। खेतों में मशीनें चल रही थीं और हर किसान सुकून भरा जीवन जी रहा था।

शहरों में भी एक अजीब-सा बदलाव था। पहले जहाँ रेलवे स्टेशन और पुलों के नीचे फटे-पुराने कपड़ों में लिपटे लोग ठंड में ठिठुरते मिलते थे, अब वहाँ कोई झुग्गी नहीं, कोई बेघर नहीं था। सरकार ने हर गरीब के लिए घर की व्यवस्था कर दी थी। जगह-जगह सरकारी आवास बने थे और हर किसी को एक सम्मानजनक जीवन जीने का अधिकार मिल चुका था।

सड़कों पर कोई ऐसा नहीं था, जो भीख माँग रहा हो। भीख माँगने को मजबूर लोग या तो कोई काम कर रहे थे, या छोटे-मोटे व्यवसाय चला रहे थे। यह देखकर मन को एक अजीब सा सुकून मिला.. अब किसी की गरीबी उसका भाग्य नहीं थी।

हॉस्पिटल में भी एक अलग ही नज़ारा था। अब कोई इलाज के अभाव में दम नहीं तोड़ रहा था। स्वास्थ्य सेवाएँ इतनी सुलभ हो गई थीं कि हर कोई बेहतरीन इलाज पा रहा था। हर किसी को मुफ्त में इलाज मिल रहा था और दवाइयाँ भी आसानी से उपलब्ध थीं।

बेरोजगारी? वह क्या होती है? अब किसी युवा को नौकरी के लिए सालों भटकना नहीं पड़ता था। हर हाथ में काम था, हर हुनर को उसकी पहचान मिल चुकी थी। अब सिर्फ डिग्री वाले ही नहीं, बल्कि हुनरमंद लोग भी अच्छी नौकरियों में थे। सरकार की योजनाओं ने हर क्षेत्र में अवसरों को बढ़ा दिया था और लोगों ने भी हाथ बढ़ाकर नए कामों को अपनाया था। अब कोई भी खाली नहीं बैठा था।

भारत अब एक आदर्श देश बन चुका था.. अब किसी को सरकारी राशन की जरुरत नहीं थी। अब कोई सिर झुकाकर दूसरों के आगे हाथ नहीं फैलाता था। अब हर व्यक्ति आत्मनिर्भर था, हर घर खुशहाल था।

गाँव हों या शहर, हर जगह तरक्की साफ नज़र आ रही थी। महिलाएँ सशक्त हो चुकी थीं और वे हर क्षेत्र में आगे बढ़ रही थीं। समाज में समानता थी, कारण कि अमीर और गरीब के बीच की खाई जो मिट चुकी थी।

अचानक से कोई सामान गिरने की तेज़ आवाज़ हुई और यह क्या.. मेरी आँख खुल गई.. मैंने चारों ओर देखा.. सब कुछ वैसा का वैसा ही था, जैसा कल था.. वो स्कूल जाने वाले हर एक बच्चे की जगह आज भी बहुत-से बच्चे कूड़ा बीनने को मजबूर थे। वह समृद्ध किसान आज भी मंडी में अपने अनाज का सही दाम पाने के लिए संघर्ष कर रहा था। बेहतर जीवन जीने की तलाश में वह मजदूर आज भी सड़क किनारे ईंटें ढो रहा था।

यह सिर्फ एक सपना था.. कहते हैं कि कई बार हमें बंद आँखों से वहीं सपने दिखते हैं, जो हम खुली आँखों से देखना चाहते हैं। लेकिन, सच्चाई क्या कहती है? अब यदि हम असल दुनिया में देखें, तो हालात अभी-भी बहुत बदलने बाकी हैं। नीति आयोग की रिपोर्ट के अनुसार, भारत में बहुआयामी गरीबी दर 2014 से 2023 के बीच 24.82 करोड़ लोगों के लिए खत्म हुई है। 2022-23 के आँकड़ों के अनुसार, अब भारत में केवल 1% आबादी गरीबी रेखा के नीचे बची है। यह आँकड़ा सुनने में अच्छा लगता है, लेकिन क्या वाकई हम गरीबी मुक्त हो गए हैं?

देश के अहम् सरकारी निकाय 'नीति आयोग' के सदस्य अरविंद विरमानी ने कहा कि विश्व बैंक के मानदंडों के अनुसार मापी गई पूर्ण गरीबी भारत में 'लगभग समाप्त' हो गई है और प्रतिदिन 1.9 डॉलर से कम कमाने वाले कुछ लोगों के लिए सामान्य नीतिगत कार्यवाही नहीं की जा सकती है। विरमानी ने उद्योग मंडल आईएमसी चैंबर ऑफ कॉमर्स के एक कार्यक्रम को संबोधित करते हुए कहा कि 'कमजोर' के रूप में चिह्नित आबादी का प्रतिशत भी काफी कम हो गया है तथा अगले सात वर्षों में समाप्त हो जाएगा। हालाँकि, उन्होंने स्वीकार किया कि पूर्ण गरीबी कम तो हुई है, लेकिन आय वितरण के दृष्टिकोण से स्थिति 'बदतर' हुई है।

सरकार का लक्ष्य 2030 तक भारत को पूरी तरह गरीबी मुक्त बनाना है। इसके लिए कई योजनाएँ भी चलाई जा रही हैं, जैसे- प्रधानमंत्री गरीब कल्याण योजना, प्रधानमंत्री आवास योजना, मुद्रा योजना, आत्मनिर्भर भारत अभियान आदि, लेकिन क्या ये योजनाएँ इतनी प्रभावी हैं कि अगले कुछ सालों में हर गरीब को गरीबी से बाहर निकाल सकें?

अब सवाल यह उठता है कि क्या भारत सच में एक दिन गरीबी से मुक्त हो सकता है? शायद हाँ, लेकिन इसके लिए महज़ सरकारी प्रयास काफी नहीं होंगे। लोगों को भी आगे आना होगा। शिक्षा और कौशल विकास को प्राथमिकता देनी होगी। भ्रष्टाचार और बिचौलियों का खेल खत्म करना होगा। समाज में असमानता को दूर करना होगा। और सबसे जरूरी बात, हमें अपनी सोच बदलनी होगी।

गरीबी सिर्फ पैसों की कमी नहीं है, बल्कि अवसरों की कमी है। जब तक हर व्यक्ति को सही शिक्षा, सही रोजगार और सही अवसर नहीं मिलेगा, तब तक यह सपना सिर्फ सपना ही रहेगा।

लेकिन, सपने देखने चाहिए, क्योंकि यदि हम सपना देख सकते हैं, तो उसे पूरा भी कर सकते हैं। शायद किसी दिन यह सपना सच हो जाए.. और जब आँख खुले, तब भी यही हकीकत हो।

गाँव की बेरंग तस्वीर में रंग भरने
का काम आज भी अधूरा

03

गाँव की बेरंग तस्वीर में रंग भरने का काम आज भी अधूरा

हर किसी के जीवन में एक गाँव होता है, कभी जन्मभूमि के रूप में, तो कभी नानी के घर के रूप में.. माध्यम कई हो सकते हैं, लेकिन हर किसी का जीवन किसी न किसी बहाने गाँव से जुड़ा जरूर होता है.. वह दुनिया, जहाँ दिल हर बार लौट जाना चाहता है। मेरे लिए गाँव सिर्फ एक जगह नहीं, बल्कि वह एहसास है, जो हर बार दिल को सुकून देता है। मिट्टी की सौंधी खुशबू, पेड़-पौधों से लिपटे आँगन, नहर का ठंडा पानी, मंदिर की घंटियाँ और चौपाल की गप्पें, यह सब कुछ आज भी मेरी यादों में ज़िंदा हैं।

जब ज़िंदगी की भीड़-भाड़ में साँसें घुटने लगती हैं, तो वही पुरानी यादें गले लगाकर कहती हैं, "चलो, एक बार फिर गाँव चलते हैं।"

मुझे आज भी याद है कि गर्मियों की छुट्टियाँ आते ही हम सब भाई-बहन बस्ता-पट्टी छोड़कर सीधे गाँव भागने की पुरजोर तैयारियाँ करने लगते थे। बैग के कोने-कुचाले ढूँढ-ढूँढ कर हर छोटे से छोटे खिलौने को सहेजकर रख लेना, ताकि उन मिट्टी और लकड़ी के खिलौनों को तीन महीने हमारी याद न आए, हम अपने साथ लिए चलते थे। ट्रेन से उतरते ही जैसे कोई और ही दुनिया शुरू हो जाती थी। स्टेशन के बाहर बैलगाड़ी खड़ी रहती थी और रास्ते भर हर मोड़ पर कोई पुराना चेहरा मुस्कुरा कर हमें पहचान लिया करता था। रास्तों में धूल जरूर उड़ती थी, लेकिन उसमें भी अपनापन होता था।

गाँव की वो कच्ची गलियाँ, पीपल का पेड़, जिस पर झूला बँधा होता था, नानी की खूबसूरत कहानियाँ, जो वे हर बार एक नए मोड़ के साथ दोहराकर सुनाया करती थीं, सब कुछ किसी बेशकीमती कविता की तरह मेरी स्मृति में दर्ज है। सुबह खेतों से आती मिट्टी और घास की मिली-जुली सुगँध, शाम को मंदिर में होने वाले भजन और रात में नीम के पेड़ के नीचे चटाई पर लेटकर तारों की वह गिनती, जिस पर हमें पक्का यकीन होता था कि जितने हमने गिने, आसमान में उतने ही तारे हैं.. सच-मुच जीवन के इससे सुखद अनुभव और क्या ही होंगे..

लेकिन अफसोस, समय के साथ वह गाँव भी बदल गया, और शायद हम भी।

अब जब गाँव जाता हूँ, तो बहुत कुछ खो गया है। गाँव तो वहीं है, लेकिन उसमें पहले जैसा जीवन नहीं रहा। वह पीपल का पेड़ तो है, लेकिन उसकी छाँव में बैठी नानी नहीं। खेत अब भी हैं, लेकिन उन्हें जोतने वाले हाथ काफी कम हो गए हैं। पहले जहाँ चौपाल पर बैठकर लोग राजनीति से लेकर रिश्तेदारी तक की हर बात पर चर्चा किया करते थे, आज उस चौपाल के कान तरस जाते हैं एक शब्द भी सुनने को.. वहाँ अब सन्नाटा जो पसरा रहता है। आज के समय में ये बेतुकी लगने वाली बातें हमारे समय में अनमोल हुआ करती थीं, क्योंकि इन चर्चाओं में शामिल लोगों से जो सटीक सलाह मिला करती थीं न, वो आज के समय में राजा का ताज पहने एआई में कहाँ? मोबाइल और टीवी ने सारी की सारी चर्चाएँ छीन ली हैं, और शहरीकरण ने हमारी सबसे खूबसूरत संस्कृति को दबा दिया है।

सबसे ज्यादा तकलीफ तब होती है, जब देखता हूँ कि गाँव के बच्चों के चेहरों पर आज भी वही पुराने सवाल लिखे हैं। स्कूल तो बने हैं, लेकिन शिक्षक नहीं आते। मिड-डे मील जरूर मिलता है, लेकिन शिक्षा बेस्वाद है। अस्पताल की इमारत ज्यों की त्यों खड़ी है, लेकिन सूनी पड़ी है, क्योंकि वहाँ मरीजों का इलाज करने के लिए डॉक्टर ही नहीं हैं। बिजली के खंभे हैं, लेकिन रात को अँधेरा अब भी घरों में पसरा रहता है। सरकार की योजनाएँ वहाँ तक पहुँचती हैं, इसमें कोई दो राय नहीं है, लेकिन उनका असर न जाने कहाँ गायब हो जाता है।

वैसे तो आज़ादी को साढ़े सात दशक से भी ज्यादा हो गए हैं, लेकिन गाँव की बेरंग तस्वीर में रंग भरने का काम आज भी अधूरा ही पड़ा है। बच्चे नंगे पाँव हैं, खेत सूखे हैं और सपने बची-कुची लौ के समान बुझते चले जा रहे हैं। हमेशा से ही मेरे मन में यह सवाल भीतर तक घर करा हुआ बैठा है कि क्या हम सिर्फ शहरों की चमक-दमक को ही विकास मानते रहेंगे? क्या गाँव की आवाज़ हमेशा सिर्फ चुनावी नारों तक ही सीमित रहेगी?

मुझे याद है, कैसे पहले हर घर एक-दूसरे का सहारा हुआ करते थे। सुख तो सुख, दुःख में भी कँधे से कँधा मिलाकर एक-दूसरे के साथ खड़े रहते थे। शादी-ब्याह में पूरा गाँव शामिल होता था, जैसे खुद के ही घर के किसी सदस्य की शादी हो। सबके साथ से बड़े-बड़े काम कैसे चुटकियों में हो जाया करते थे, पता भी नहीं चलता था। लेकिन, अब रिश्ते भी सोशल मीडिया के मैसेज बनकर रह गए हैं। पहले चिट्ठियाँ आती थीं, अब व्हाट्सऐप के दो शब्दों में यह कहकर रिश्ते निपटा दिए जाते हैं, "सब ठीक है।"

पहले जब कोई बुज़ुर्ग बीमार होता था, तो चार घर दौड़ पड़ते थे। अब एंबुलेंस तेज़ सायरन के साथ आती है, लेकिन अफसोस पड़ोसी दरवाज़ा भी नहीं खोलता।
गाँव में अब बच्चे कंचों की जगह मोबाइल में व्यस्त हो गए हैं।

ज़मीनें बिक रही हैं, नौजवान शहर भाग रहे हैं, और बूढ़े माँ-बाप गाँव की सूनी चौखटों पर किसी की आहट का इंतज़ार करते रह जाते हैं। जब गाँव की गलियों से गुजरता हूँ, तो हर मोड़ मुझे रोक लेता है। वह पुराना स्कूल, जहाँ मैंने 'क, ख, ग' सीखा था, अब टूट चुका है। सुंदर-सा वह पोखर, जो कभी अपना किनारा हमें बैठने के लिए दे दिया करता था, अब सूख गया है। दिल भर आता है, और मैं सोचता हूँ कि हम क्या खो बैठे हैं? लेकिन, सवाल यह नहीं है कि हमने क्या खोया है। असल सवाल यह है कि हम इस स्थिति में क्या बचा सकते हैं?

हमें गाँव के लिए नई योजनाएँ नहीं, नई सोच चाहिए। ऐसी सोच, जो शहरों की नकल नहीं, बल्कि गाँव की आत्मा को समझे। हमें चाहिए स्कूलों में शिक्षक, अस्पतालों में सेवा और खेतों में सिंचाई, न कि कागज़ों पर धूल जमातीं रिपोर्ट्स और आँकड़ें। गाँव के बच्चे भी स्मार्ट क्लास और रोबोटिक्स के हकदार हैं। क्यों न हर पंचायत में एक डिजिटल सेंटर हो, हर गाँव में एक वाचनालय हो, और हर गली में फिर से हँसी गूँजे?

बदलाव की शुरुआत सरकार से नहीं, हमसे होनी चाहिए। यदि हम साल में एक बार गाँव जाकर सिर्फ तस्वीरें खींचकर लौट आते हैं, तो बदलाव की उम्मीद कैसे कर सकते हैं? गाँव को यदि फिर से जिंदा करना है, तो सिर्फ पैसे नहीं, प्यार लगाना होगा। सिर्फ विकास नहीं, विवेक लगाना होगा। हमें अपने बच्चों को गाँव की कहानियाँ सुनानी होंगी, सिर्फ इसलिए नहीं कि वे भावुक हों, बल्कि इसलिए कि वे जिम्मेदार बनें। ताकि कल जब वे बड़े हों, तो गाँव उनके लिए पुरानी याद नहीं, एक सबसे महत्वपूर्ण जिम्मेदारी हो।

गाँव को बचाना कोई बीते समय की ज़िद नहीं है, बल्कि यह भारत की आत्मा को बचाने की लड़ाई है। और आत्मा को बचाना सिर्फ सरकार की जिम्मेदारी नहीं, बल्कि हम सबका फर्ज़ है।

पक्के मकान.. कच्चे दिल..

04

पक्के मकान.. कच्चे दिल..

गर्मियों की रातों में छत पर बिछी चारपाइयाँ, खुले आसमान के नीचे सोते हुए तारों को गिनने का खेल, दादी-नानी की कहानियाँ और मिट्टी की सौंधी-सी महक.. क्या आपको याद हैं वो दिन? वो दिन.. जब मकान कच्चे होते थे, लेकिन दिल पक्के। रिश्तों में अपनापन था, मोहल्ले भर में हर किसी को अपना माना जाता था, और जीवन में सादगी के साथ एक अनकही मिठास थी। अब तो न ही कोई मेल-मिलाप है और न ही घर के आँगन में दादी माँ की कहानियाँ सुनाई देती हैं। देंगी भी कहाँ से? जीवन की दौड़ और कमाई की होड़ में परिवार के लोग अब तितर-बितर जो हो चुके हैं।

कभी गाँव-देहात में कदम रखते ही कच्चे मकानों की खूबसूरत मिट्टी की दीवारें, उन पर बनाई गईं सुंदर आकृतियाँ, आँगन में गेरू और खड़िया की खूबसूरत रंगोली और तुलसी का चौरा हमारी संस्कृति की विशेष पहचान हुआ करते थे। घरों में ज्यादा सामान भले ही न हो, लेकिन दिलों में अपनापन भरपूर था। आज़ादी से घूमते बच्चे, पेड़ों पर लगे झूले, दरवाजे पर बिना किसी रोक-टोक के आते मेहमान.. यह सब काफी आम हुआ करता था। लेकिन, समय के साथ-साथ यह तस्वीर भी बदल गई। अब मकान तो पक्के हो गए, मगर रिश्तों की दीवारें कच्ची पड़ गईं।

याद है.. जब हम रात में छत पर सोया करते थे? तारों की चादर के नीचे पूरा परिवार एक साथ लेटा रहता था। बातों-बातों में कब नींद लग जाती थी, पता भी नहीं चलता था। उन छोटे और कच्चे घरों की छतें इतनी बड़ी हुआ करती थीं कि हर रात जब पूरे परिवार के लिए बिस्तर लगते थे, तो ऐसा लगता था मानो पूरी दुनिया एक हो गई हो। लगता था जैसे पूरा आसमान हमारा है। मुँह से कोई गुड नाइट नहीं बोलता था, लेकिन वास्तव में हर नाइट गुड हुआ करती थी। आज के हमारे बड़े-बड़े मकानों में तो पूरे समय सिर्फ सन्नाटा पसरा पड़ा रहता है। हर कोई अपने कमरे में बंद है, और अब तो 'गुड नाइट' का मतलब अब सिर्फ एक मैसेज भेजना भर रह गया है, बिल्कुल बेमन से की गई किसी फॉर्मेलिटी की तरह.. हर घर में एक बड़ा-सा आँगन हुआ करता था, जहाँ हर सुबह तुलसी की पूजा होती थी, दोपहर में सिलबट्टे पर मसालें पीसे जाते थे, और शाम को पूरा परिवार वहीं बैठकर गपशप करता था।

वह आँगन सिर्फ चार दीवारों से घिरा कोई खुला स्थान नहीं था, बल्कि रिश्तों का संगम भी था। वहीं बैठकर घर के बड़े-बुजुर्ग धूप सेंकते थे और बच्चे मिट्टी में खेलते थे.. काम-काज की सारी बातें भी तो उसी आँगन में हुआ करती थीं.. पक्के मकानों में आँगन को तो कुत्ते बाँधने और शू रेक का स्थान रवा गया है।

चारपाई पर बैठकर परिवार के साथ बिताए वो सुनहरे पल अब सिर्फ यादों में ही तो रह गए हैं। उन चारपाइयों की जगह अब सोफे और डबल बैड ने ले ली है, बेशक बैठते ही थकान कुछ हद तक उतरना शुरू हो जाती है, लेकिन इन नई चीजों ने दिलों की दूरियाँ काफी बढ़ा दी हैं। इनमें वह बात कहाँ, जो चारपाई में हुआ करती थी।

पहले हर दरवाजा खुला रहता था, जिसे देख कोई भी राहगीर आकर कुछ देर आराम करने के उद्देश्य से बैठ जाया करता था। यहाँ तक कि जानवरों को भी आँगन तक टहलने की स्वतंत्रता थी। लोग अपने मोहल्ले ही नहीं, पूरे गाँव की परेशानियों से वाकिफ रहते थे.. यह वह दौर था, जब घर नहीं, बल्कि पूरा मोहल्ला ही परिवार हुआ करता था। सुख और दुःख में एक-दूसरे के ऐसे साथ खड़े रहते थे, जैसे परिवार के सदस्य.. अब बड़े-बड़े फ्लैट्स में रहने वाले लोग एक-दूसरे से मिलते तक नहीं। घरों के दरवाजे तो बस तीज-त्यौहार पर खुलते हैं.. वरना तो बिना ताले के हमेशा बंद ही मिलते हैं.. लोग अपने ही पड़ोसियों के सुख-दुःख से अनजान हैं। आज पड़ोसी कौन है, ये भी कई लोगों को नहीं पता होता। मेहमान भी तो अब नहीं आते, कभी आ भी जाएँ, तो आकर खुद को असहज ही महसूस करते हैं। अब तो लोग परिवार के सदस्यों के ही सुख-दुःख में शामिल नहीं होते, तो मैं भी कहाँ पड़ोसियों की खबर रखने की बात कर रहा हूँ..

मोहल्ले में किसी के घर शादी हो, तीज-त्यौहार आए या कोई नया मेहमान पहुँचे, सब एक-दूसरे के घर जाने के लिए उतने ही एक्टिव रहा करते थे, जितने कि आज के समय में व्हाट्सएप का नोटिफिकेशन आते ही हो जाते हैं। मिट्टी के चूल्हे पर रोटियाँ सेंकने की खुशबू अब पक्के मकानों में कहाँ आती है? भोजन पकाते समय माँ और बुआ के आपस में हँसी-मजाक की आवाज़ मुझे आज भी याद है.. आज के मॉड्यूलर किचन और इलेक्ट्रिक चिमनियों में वह बात कहाँ, जो पहले की रसोई में हुआ करती थी? अब तो गैस पर झटपट बना खाना, माइक्रोवेव में पकी हुईं रोटियाँ और डिब्बाबंद मसालें मिलते हैं। न तो स्वाद पहले की तरह है और न ही अपनापन.. भोजन तो जैसे सिर्फ पेट भरने का ज़रिया बन कर रह गया है, जो किसी भी फास्ट फूड की तरह झटपट बना लिया जाता है। पहले के घरों की दीवारें भले ही कच्ची होती थीं, लेकिन उनमें बसने वाले रिश्ते पक्के थे। बीमार कोई एक होता था और फिक्र सबको होती थी.. दोस्ती में सच्चाई थी.. रिश्तों में अपनापन था.. और जीवन में ठहराव था। लोग भले ही साधनहीन थे, लेकिन दिल के अमीर थे।

आज, पक्के मकानों में कच्चे दिलों के लोग रहते हैं। रिश्ते टूटने की कगार पर हैं, और गाँवों में छूट गईं उन कच्चे मकानों की यादें भी धुँधली हो चली हैं। आज जब हम पक्के मकानों में रहने लगे हैं, तो हमें लगता है कि हमने हर सुविधा को अपनी मुट्ठी में कर लिया है। लेकिन, क्या वाकई हम पहले से ज्यादा सुखी हैं? आज भले ही हमारे मकान ऊँची-ऊँची इमारतों में बदल गए हैं, दीवारों पर महँगे रंग-रोगन चढ़ गए हैं, लेकिन दिलों की वह गर्माहट कहीं खो गई है। उन कच्चे मकानों की यादें आज भी दिल में एक टीस छोड़ जाती हैं। हमने भौतिक चीजें तो पा लीं, लेकिन अपने जड़ों से कट गए। कच्चे घरों के साथ हमने अपनी संस्कृति, अपनी परंपराएँ और अपनी सादगी भी खो दी।

माना कि समय बदलता है, सुविधाएँ बढ़ती हैं और जीवनशैली भी बदलती है, लेकिन इस बदलाव में यदि हम अपनी जड़ों को ही खो देंगे, तो यकीन मानिए, वह दिन दूर नहीं, जब हम एक पूरी की पूरी संस्कृति को ही उजाड़ देंगे। अभी-भी समय है कि हम रिश्तों की गर्माहट को वापस लाएँ.. माना कि व्यस्तता है, माना कि हम सभी अब एकल परिवारों में रहने लगे हैं, लेकिन कम से कम त्यौहार तो मिल-जुलकर मना ही सकते हैं.. दिल और घर से दरवाजे अपनों के लिए खुले रखें, अपनों के साथ समय बिताएँ.. फिर से छतों पर जाकर तारों से बातें करें, और फिर से रसोई में माँ-बुआ की हँसी गूँजने दें। मकान चाहे पक्के हों या कच्चे, असली खूबसूरती तो उसमें रहने वालों की मोहब्बत और अपनेपन में ही होती है।

सच्चे रिश्तेदार

05

सच्चे रिश्तेदार

शादियों का मौसम शुरू हो चुका है, और हर रोज लाखों की तादाद में शादियाँ हो रही हैं। आप लोग भी रिश्तेदारों और परिचितों की शादियों में मेहमान नवाजी का लुफ्त उठा ही रहे होंगे। आजकल की शादियों में 500-700 मेहमान बुलाना तो आम बात है। कहीं-कहीं तो यह संख्या हजारों में भी देखने को मिल जाती है। ज्यादा से ज्यादा मेहमान बुलाना इस बात का प्रमाण हो गया है कि आपका आयोजन कितना भव्य रहा। जिसके यहाँ जितने अधिक मेहमान, उसका आयोजन उतना ही सफल माना जाता है। उस पर यदि आपके मेहमानों की लिस्ट में किसी बड़े अभिनेता, राजनेता या सेलिब्रिटी का नाम जुड़ गया, तो फिर तो आपके यहाँ के आयोजन को लम्बे समय तक याद रखा जाएगा....

इस लिस्ट में कई ऐसे रिश्तेदार भी शामिल होते हैं, जिन्हें आपने सालों से नहीं देखा है, जो आपके सुख-दुःख में शायद ही कभी खड़े रहे हों, लेकिन शादी के भोज में वे जरुर नजर आ जाएँगे। ये वही लोग हैं, जो आप ही के आयोजन में आएँगे, आयोजन का आनंद लेंगे और बाद में आयोजन की कमियाँ निकालते नजर आएँगे। मुझे परेशानी मेहमानों से नहीं है। आपका आयोजन है, बेशक आप चाहे जितने अतिथियों का स्वागत करें, लेकिन इतने मेहमान बुलाना क्या सच में आवश्यक है। वो भी वे लोग, जो आपके आयोजन में आकर उस आयोजन की ही दस कमियाँ निकलने से नहीं चुकेंगे, उन्हें आमंत्रित कर उनके लिए अपनी सालों से जुटाई पूँजी को खर्च करना क्या सही है? ज़रा आप ही विचार कीजिए....।

इसमें गलती सिर्फ उन मेहमानों की ही नहीं है, थोड़ी हमारी भी है। शादी-ब्याह के आयोजन के नाम पर हमें भी तो न जाने कहाँ-कहाँ के रिश्तेदार याद आ जाते हैं, जिन्हें सालों से देखा तक नहीं, उन्हें भी बुलाना हमारे लिए जरुरी हो जाता है। जिन मेहमानों ने सालों में कभी सुध नहीं ली, सुख-दुःख के समय में हमारे लिए कभी खड़े नहीं हुए, जिन्होंने जरुरत पड़ने पर कभी आपके लिए चार पैसे या एक युनिट खून की मदद तक नहीं की, सिर्फ दिखावा करने या झूठी वाह-वाही के लिए उन पर अपनी कमाई खर्च करना क्या सही है? कई लोग तो कर्ज लेकर भी इस दिखावे का समर्थन करते हैं, जो मेरे विचार में किसी भी प्रकार से सही नहीं है।

अगर आपको अपना आयोजन बड़े स्तर पर करना ही है, तो इन दूर के रिश्तेदारों को बुलाने से कहीं ज्यादा बेहतर है, उन शुभचिंतकों को अपनी खुशियों में शामिल किया जाए, जिन्होंने मुसीबत के समय पर आपका साथ दिया हो। वे लोग जिनका आपके दैनिक जीवन में प्रत्यक्ष या अप्रत्यक्ष रूप से कोई न कोई योगदान रहा हो। मेरा मानना है कि आपकी खुशियों में शामिल होने के असली हकदार वे ही लोग हैं, जो जरुरत पड़ने पर आपके साथ खड़े रहे हों, फिर चाहे उनसे आपका कोई खून का रिश्ता हो या न हो। बस यही आपके अपने हैं बाकी सब गैर हैं।

इसलिए शादी-ब्याह या किसी भी बड़े आयोजन में भारी भीड़ जमा करने से बेहतर है उन लोगों को अपनी खुशियों में शामिल करना, जो सच में आपकी खुशियों में शामिल होने के हकदार हैं, इससे आपकी खुशियों में सिर्फ आपके शुभचिंतक शामिल हो सकेंगे और ये आयोजन आपकी जेब पर भी भारी नहीं पड़ेंगे। साथ ही आप भी अपनी खुशियों का उत्सव बिना किसी चिंता के मना पाएँगे।

अब वो बात कहाँ..

06

अब वो बात कहाँ..

एक रोज़ मेरा किसी काम से बाहर जाना हुआ, घर लौटते हुए शाम हो गई। मैं घर लौट ही रहा था कि दूर किसी चाय की दुकान पर एक पुराना गाना सुनाई दिया। गाने के बोल मेरे कानों में पड़े, तो एक पल के लिए मैं जवानी के उस समय में पहुँच गया, जब मैं गाने सुनने का बड़ा शौकीन हुआ करता था। लेकिन, कुछ ही देर में वापस आज की दुनिया में लौट आया। घर लौटा तो देखा मेरी बिटिया अपने मोबाईल फोन में किसी ऐप पर गाने सुने रही है। उसे देख कर मेरे मन में ख्याल आया कि एक वो ज़माना था, जब रेडियो और रिकॉर्ड्स पर गाने सुनने के लिए बड़ी मशक्कत करनी पड़ती थी और एक आज का दौर है, जब केवल एक क्लिक पर ही दुनियाभर का संगीत मौजूद है। इसके बावजूद, जो मिठास उस पुराने दौर में थी, वह आज कहीं नहीं मिलती..

गाने सुनने का यह शौक मुझे शायद विरासत में मिला था। मुझे आज भी याद है बचपन में मेरे दादाजी के पास एक ग्रामोफोन हुआ करता था, जिस पर वे गाने चलाया करते थे। उस समय संगीत सुनना एक रस्म की तरह हुआ करता था। जब भी कोई नया गाना सुनना होता था, तो ग्रामोफोन को बड़ी एहतियात से सेट किया जाता था। काँच का डिस्क निकाला जाता, उसकी सफाई की जाती, और फिर सुई को बड़ी सावधानी से रिकॉर्ड पर रखा जाता। ग्रामोफोन का वो धीमा घूमना, और सुई का डिस्क पर आकर सुरों को निकालना। बचपन की मासूमियत में यह सब बड़ा ही जादुई लगता था.. उस संगीत में एक अलग ही संतुष्टि थी। वो संगीत महज कानों तक नहीं, बल्कि दिल तक पहुँचता था। हालाँकि, ग्रामोफोन है तो आज भी, लेकिन अब वह घर का सजावटी सामान बन चुका है।

समय बदला तो रेडियो का दौर आया, वह दौर भी बड़ा अनूठा था। मैं और मेरे दोस्त हर शाम फरमाइशी गानों का कार्यक्रम सुनने के लिए झुंड बना कर बैठ जाया करते थे। रेडियो पर बजने वाले गानों के साथ ही कार्यक्रम के प्रस्तुतकर्ताओं की बातचीत, उनकी शेरो-शायरी और गीतों के पीछे की कहानियाँ सब मिलकर संगीत का आनंद कई गुना बढ़ा देती थीं। और कभी हमारा फरमाइशी गीत हमारे नाम के साथ बज गया, तो खुशी सातवें आसमान पर पहुँच जाती थी। समय बदला तो कैसेट्स और टेप रिकॉर्डर्स आ आए।

अब लोग अपने पसंदीदा गानों को रिकॉर्ड कर सकते थे और उन्हें कहीं-भी और कभी-भी सुन सकते थे। इन कैसेट्स की भी अपनी यादें हैं। अपने पसंदीदा गानों को कैसेट में रिकॉर्ड करवाना, दोस्तों के साथ कैसेट्स का आदान-प्रदान भी अलग ही अनुभव था। धीरे-धीरे कैसेट्स की जगह सीडी और डीवीडी ने ले ली और फिर पेन ड्राइव आई। इन सभी साधनों में ढेर सारे गाने संभाल कर रखे जा सकते थे। साथ ही, अपने पसंदीदा गाने वीडियो के रूप में देखे भी जा सकते थे।

समय के साथ-साथ दौर बदलता गया और नई-नई तकनीकें आईं, तो गानों को किसी डिवाइस में स्टोर करने की जरुरत भी खत्म हो गई। यूट्यूब और मोबाईल एप जैसे माध्यमों से संगीत सुनना आसान तो हो गया, लेकिन मन-पसंद गानों को सुनने का जो उत्साह था, वो खत्म हो गया। इन तकनीकों ने हमारे लिए संगीत की उपलब्धता तो आसान बना दी, लेकिन इस उपलब्धता में गाने सुनने की वह मिठास जैसे कहीं खो गई। आज हमारे लिए कोई भी गाना महज़ एक क्लिक पर उपलब्ध है। आप चाहे जहाँ भी हों, दुनियाभर का हर संगीत आपकी जेब में ही है। लेकिन, पुराने समय का वो रोमांच और संतोष, जो सुई से निकलते सुरों में था, वो अब सिर्फ यादों में ही रह गया..

केवल राजनीति पर क्यों उठे सवाल...

07

केवल राजनीति पर क्यों उठे सवाल...

आजकल एक शब्द बड़ा प्रचलित हो चला है, जो आपने भी अक्सर सुना होगा, नेपोटिज़्म या हिंदी में कहें तो भाई-भतीजावाद। आज हर क्षेत्र और स्तर पर आपको इसका असर देखने को मिल जाएगा। लेकिन, इस आरोप से सबसे ज्यादा राजनीति बदनाम है। हालाँकि, ज्यादा दूर न जाएँ; यदि आप अपने आस-पास ही देखें, तो आपको इसके उदाहरण बड़ी आसानी से देखने को मिल जाएँगे। ऐसे में, मेरे मन में अक्सर यह सवाल उठता है कि जब यह चलन हर स्तर और हर क्षेत्र में हैं तो फिर क्यों इस आरोप से केवल राजनीति या राजनेता ही बदनाम हैं.....?

भले ही यह शब्द आजकल कुछ ज्यादा ही चलन में है। लेकिन, यह प्रथा सालों से हमारे देश में है। तभी तो पुराने समय में राजा का बेटा राजा बनाता था और शिक्षक का बेटा शिक्षक। यह तो हमारी प्राचीन सभ्यता का सामाजिक चलन रहा है। आज भी एक व्यापारी अपनी अगली पीढ़ी को अपने व्यापर में ही शामिल करना चाहता है या एक डॉक्टर अपनी संतान को भी डॉक्टर बनाने की चाह रखता है। यह एक सामान्य मनोविज्ञान है कि कोई व्यक्ति जिसने बड़ी मेहनत से किसी क्षेत्र में सफलता पाई, एक विरासत खड़ी की, वह इसे आगे बढ़ाने के लिए बेशक किसी परिचित और विश्वसनीय हाथों में सौंपना चाहेगा। यह सामान्य इंसानी सोच है। आप भी मेरी इस बात से सहमत होंगे, इसलिए हमें यह मान लेना चाहिए कि थोड़ा-बहुत नेपोटिज़्म हम सबके भीतर भी है। लेकिन, यह आपराधिक नहीं होना चाहिए। यदि आप बिना किसी योग्यता के अपने सगे-सम्बन्धी को उच्च पद दे रहे हैं या अपनी पहचान के दम पर उसे आगे बढ़ने का कोई अवसर दिलवा रहे हैं, तो यह बिलकुल गलत है। इसका खुलकर विरोध होना चाहिए।

लेकिन, जैसा कि मैंने कहा, आज के समय में राजनीति इससे सबसे ज्यादा बदनाम है। हाँ, इसका एक कारण यह हो सकता है कि राजनीति में भाई-भतीजावाद के उदाहरण बहुतायत में मिल जाते हैं। एक परिवार की कई पीढ़ियों के राजनीति में सक्रिय रहने के कारण यह हमारी सोच बन गई है और राजनीति को नेपोटिज़्म का गढ़ माना जाने लगा है। परंतु, यदि हम अन्य क्षेत्रों पर नजर डालें, तो वहाँ भी स्थिति बहुत अलग नहीं है। मनोरंजन उद्योग में भी अक्सर देखा गया है कि फिल्मी हस्तियों के बच्चे आसानी से अवसर प्राप्त करते हैं। खेलों में, कई बार खिलाड़ी अपने परिवारिक संबंधों के आधार पर चयनित हो जाते हैं।

व्यापार में, बड़े व्यापारिक घरानों के वारिस बिना किसी विशेष योग्यता के महत्वपूर्ण पदों पर आसीन हो जाते हैं। बस बात इतनी है कि इनमें से कुछ क्षेत्र छुपे हुए हैं या छोटे हैं, जहाँ लोगों का ध्यान नहीं जाता। लेकिन, राजनीति का क्षेत्र हर किसी की नजर में है, इसलिए इसके बारे में हमें पता चल जाता है।

यहाँ मैं भाई-भतीजावाद की पैरवी नहीं कर रहा हूँ, लेकिन केवल एक क्षेत्र विशेष को निशाना बनाने वाली विचारधारा का भी समर्थन नहीं करता हूँ। वैसे भी क्षेत्र कोई भी हो, मैं योग्यता के आधार पर ही अवसर या पद मिलने का पक्षधर हूँ। लेकिन, राजा का बेटा योग्य होने के बावजूद भी केवल भाई-भतीजावाद के आरोप के डर से राजा न बनें, यह भी अन्याय ही होगा। हमें यहाँ यह भी समझना होगा कि कोई चलन सही या गलत नहीं होता। गलत होती है उसके पीछे की सोच। कोई केवल अपना स्वार्थ देख रहा है और केवल अपनों के हित का सोच रहा है, तो यह सरासर गलत है। लेकिन, उस काम के पीछे देश और समाज का कल्याण और सद्भावना छुपी है, तो यह गलत नहीं होगा।

इसी संदर्भ में, नेपोटिज़्म एक ऐसी समस्या है, जो समाज के हर क्षेत्र में मौजूद है। इसे केवल राजनीति से जोड़ना और अन्य क्षेत्रों को नजरअंदाज करना समस्या को और बढ़ावा देने जैसा है, क्योंकि जब हम भाई-भतीजावाद को केवल एक क्षेत्र तक सीमित कर देते हैं, तो हम इस महत्वपूर्ण मुद्दे की जड़ तक नहीं पहुँच पाते। हमें समझना होगा कि जब तक हम हर क्षेत्र में समान रूप से नेपोटिज़्म के खिलाफ आवाज नहीं उठाएँगे, तब तक इसका समाधान संभव नहीं है। समाज में योग्य व्यक्तियों को उचित अवसर देने के लिए हमें हर क्षेत्र में पारदर्शिता और निष्पक्षता को प्राथमिकता देनी होगी। इस प्रकार ही हम एक समतावादी और योग्यता-आधारित समाज की स्थापना कर सकते हैं।

राजनेताओं से भी लिया जाए काम का लेखा-जोखा..

08

राजनेताओं से भी लिया जाए काम का लेखा-जोखा..

भारत एक लोकतांत्रिक देश है। लोकतंत्र को समझाते हुए अब्राहम लिंकन ने कहा था, “जनता का, जनता के द्वारा और जनता के लिए शासन”, जहाँ जनता अपने बीच से ही एक व्यक्ति को नेता चुनती है और वही नेता जनता के हित में काम करते हैं। ये नेता जनता के प्रतिनिधि होते हैं और जनता का विश्वास उनके कँधों पर होता है। जब कोई नेता किसी पद पर आसीन होता है, तो उसके कार्य और निर्णय का असर सीधे तौर पर जनता के जीवन पर पड़ता है। ऐसे में, यह आवश्यक हो जाता है कि जनता को यह जानकारी हो कि उसके नेता ने क्या काम किया है, किस प्रकार के फैसले लिए हैं और इन फैसलों का क्या प्रभाव पड़ा है।

जिस तरह किसी प्राइवेट ऑफिस में कर्मचारियों से उनके काम का हिसाब माँगा जाता है कि किसने कितना काम किया, कितनी प्रोडक्टिविटी दिखाई और कौन कितनी छुट्टियाँ लेकर आराम करता रहा। और उसी के आधार पर उनकी तनख्वाह में बढ़ोतरी, नौकरी की निरंतरता, पदोन्नति और अन्य पहलुओं पर निर्णय लिया जाता है। उसी तरह हमारे देश के नेताओं से भी हर महीने, तिमाही या छमाही रूप से उनके द्वारा किए गए कामों का हिसाब भी माँगा जाए। संभवतः नेतागण अक्सर अपने पार्टी के सीनियर लीडर्स को लेकर जवाबदेह होते हैं, लेकिन उनकी असल जवाबदेही जनता के प्रति है। दूसरा, काम का हिसाब माँगने पर नेताओं में न केवल जवाबदेही बढ़ेगी, बल्कि वे अधिक गंभीरता और प्रतिबद्धता के साथ काम करेंगे। साथ ही, वे यह भी अच्छी तरह समझ सकेंगे कि उनका पद सिर्फ दो-चार भाषण या सभाएँ करने के लिए नहीं है, बल्कि उनकी जिम्मेदारी है कि वे देश और जनता की भलाई के लिए ईमानदारी से काम करें।

आखिरकार, ये नेता वही लोग हैं, जो जनता के दिए टैक्स से अपने पद का लाभ उठा रहे हैं। इसलिए यह हर नागरिक का अधिकार है कि उसे जानकारी हो कि उसकी मेहनत कि कमाई का उपयोग कहाँ और कैसे हो रहा है। यह प्रक्रिया न केवल पारदर्शिता को बढ़ावा देगी, बल्कि यह नेता और जनता के बीच सीधा संबंध भी बनाएगी।साथ ही, इससे जनता को पता रहेगा कि उनके द्वारा चुने गए नेता ने अपने वादों को कितना और किस तरह निभाया है या वो वादे केवल बातें ही थे। रिपोर्ट के आधार पर नागरिक यह भी तय कर सकेंगे कि किसी नेता को अगली बार मौका देना है या नहीं।

यह रिपोर्ट अलग-अलग स्तर पर ऑनलाइन और ऑफलाइन दोनों तरीकों से पेश की जा सकती है। जैसे छोटे स्तर पर नेता नियमित रूप से जन सभाएँ आयोजित कर सकते हैं, जहाँ वे जनता के सामने अपने काम का ब्यौरा दे सकते हैं। जनता को सीधे जानकारी देने के लिए न्यूज़लेटर्स या पत्र भेजे जा सकते हैं, जिसमें नेताओं के कार्यों का विस्तृत विवरण हो। हर साल एक वार्षिक रिपोर्ट प्रकाशित की जा सकती है, जिसमें नेता के पूरे साल के काम का सारांश हो। यह रिपोर्ट सार्वजनिक पुस्तकालयों, सरकारी दफ्तरों और स्थानीय समाचार पत्रों में उपलब्ध कराई जा सकती है। अभी सिर्फ चुनावों के समय ही या सिर्फ वोट बैंक की राजनीति के तहत ही झूठ-सच का डाटा जनता के सामने परोसा जाता है, जिसमें से आधे से अधिक कामों का कोई क्रॉस-चेक भी नहीं होता। नेताजी ने जो बोला, भोली-भाली जनता वही मान लेती है। इसके नतीजों की गंभीरता पर विचार करते हुए, जनता को भी यह भोलापन छोड़ना होगा।

दूसरी ओर, राष्ट्रीय स्तर के नेता अपने काम का ब्यौरा ऑनलाइन दे सकते हैं। इसके लिए सरकार की वेबसाइट पर एक विशेष सेक्शन दिया जा सकता है, जहाँ नेता अपने कार्यों की रिपोर्ट अपलोड कर सकते हैं। इसमें उनके द्वारा किए गए विकास कार्य, खर्च की गई राशि, और भविष्य की योजनाएँ शामिल की जा सकती हैं। आज के डिजिटल युग में सोशल मीडिया का प्रभावी उपयोग किया जा सकता है। नेता अपने सोशल मीडिया अकाउंट्स पर नियमित रूप से अपनी गतिविधियों और काम का विवरण साझा कर सकते हैं। या एक विशेष मोबाइल ऐप बनाई जा सकती है, जिसमें नेता अपने काम की जानकारी डाल सकते हैं। इस ऐप के माध्यम से जनता भी सीधे सवाल पूछ सकती है और फीडबैक दे सकती है।

इस पूरी प्रक्रिया में जनता की भूमिका भी बहुत महत्वपूर्ण है। एक सशक्त लोकतंत्र का मतलब सिर्फ चुनाव में वोट डालना नहीं है। यह एक सतत प्रक्रिया है, जहाँ प्रत्येक नागरिक को इस प्रक्रिया में सक्रिय रूप से भाग लेना चाहिए। हर नेता से सवाल करना चाहिए, और हर काम पर नजर रखनी चाहिए। हमारे सक्रिय रहने से ही नेताओं पर दबाव बना रहेगा और मैं स्वाभाविक रूप से यह भी मानता हूँ कि काम या अधिक और अच्छे काम अक्सर दवाब में ही होते हैं। यदि रिपोर्टिंग का सिस्टम शुरू होता है, तो इससे हर नेता यह कोशिश करेगा कि उसका काम सबसे बेहतर हो, ताकि जनता का विश्वास और समर्थन बना रहे। नेताओं से काम का हिसाब माँगने का विचार केवल एक सुझाव नहीं है, बल्कि यह एक आवश्यक कदम भी है, जिसे हर हाल में उठाया ही जाना चाहिए। यह कदम लोकतंत्र की नींव को तो मजबूती प्रदान करेगा ही साथ-साथ देश के विकास की गति भी तेज करने में सहायक होगा। हमारी सक्रियता ही हमारे लोकतंत्र को सशक्त बनाएगी और राष्ट्र को प्रगति की ओर अग्रसर करेगी।

भारतीय राजनीति में महिलाओं की हिस्सेदारी तो पूरी, लेकिन भागीदारी कम

09

भारतीय राजनीति में महिलाओं की हिस्सेदारी तो पूरी, लेकिन भागीदारी कम

कुछ समय पहले मुझे एक गाँव के चुनावी कार्यक्रम में शामिल होने का अवसर मिला। वहाँ की स्थानीय राजनीति के बारे में सुनने और समझने का मौका मिला। जब मैं कार्यक्रम में पहुँचा, तो सबसे पहले मेरी नज़र वहाँ उपस्थित लोगों की भीड़ पर पड़ी, जिनमें से ज्यादातर पुरुष थे। महिलाएँ भी थीं, पर उनकी संख्या नगण्य थी और जो थीं भी, वो चुपचाप बैठी थीं। इस स्थिति को देखकर एक सवाल मेरे मन में उठा, आखिर क्यों हमारे देश की महिलाएँ, जो हर क्षेत्र में इतना आगे बढ़ चुकी हैं, राजनीति में अब तक अपनी जगह नहीं बना पाई हैं? जिस देश में रानी लक्ष्मीबाई, सरोजिनी नायडू, इंदिरा गांधी, कल्पना चावला और सुषमा स्वराज जैसी महान महिलाओं का इतिहास है, वहाँ आज भी राजनीति में महिलाओं की इतनी कमी क्यों है?

भारत में महिलाओं को राजनीति में आगे लाने के लिए सरकार ने 33% आरक्षण का प्रावधान किया है, ताकि वे अपने-अपने क्षेत्र में नेतृत्व कर सकें। फिर भी, हमारे संसद और राज्य विधानसभाओं में महिलाओं की भागीदारी बहुत कम है। इस बार लोकसभा में चुनी गईं महिला प्रतिनिधि नई संसद का केवल 13.63 फीसदी हिस्सा हैं, जो कि बहुत ही निराशाजनक है। अब सवाल यह उठता है कि जब हमारे देश की आबादी का आधा हिस्सा, जो हर क्षेत्र में आगे है, तो फिर राजनीति में इनकी संख्या इतनी कम क्यों है?

यदि हम भारत के इतिहास पर नज़र डालें, तो हमें कई महान महिला शासक और नेता दिखाई देती हैं। रानी लक्ष्मीबाई ने देश के स्वतंत्रता संग्राम में महत्वपूर्ण भूमिका निभाई, अहिल्याबाई होल्कर ने अपनी अद्वितीय प्रशासनिक क्षमता से पूरे राज्य का संचालन किया। वहीं, सावित्री बाई फुले जैसी समाज सुधारक ने स्त्रियों की शिक्षा के लिए महत्वपूर्ण कदम उठाए। परन्तु, आज की स्थिति में राजनीति में महिलाओं की कमी स्पष्ट दिखाई देती है। हालाँकि आज भी अनुप्रिया पटेल, निर्मला सीतारमण, स्मृति ईरानी, मायावती और ममता बनर्जी जैसी कुछ महिलाएँ अपनी मेहनत और दृढ़ता के दम पर राजनीति में जगह बना पाई हैं। हमने महिलाओं को उच्च पद पर भी अपनी जिम्मेदारी बखूबी निभाते हुए देखा है।

फिर चाहे बात हमारी वर्तमान राष्ट्रपति द्रौपदी मुर्मू की हो, उत्तर प्रदेश की गवर्नर आनंदीबेन पटेल की हो या फिर देश की पहली महिला राष्ट्रपति रहीं प्रतिभा पाटिल की हों। महिलाओं नेहर पद पर खुद को साबित किया है। लेकिन, आज भी ज्यादातर महिलाएँ इस क्षेत्र में आने से कतराती हैं। जबकि, विदेशों में महिलाएँ बड़े-बड़े पदों पर हैं, चाहे वे जर्मनी की चांसलर एंजेला मर्केल हों, न्यूज़ीलैंड की प्रधानमंत्री जैसिंडा अर्डर्न हों या इटली की प्रधानमंत्री जियोर्जिया मेलोनी। ये महिलाएँ न केवल नेतृत्व कर रही हैं, बल्कि अपने देशों की नीतियों को भी सही दिशा में ले जा रही हैं। तो फिर भारत में ऐसी स्थिति क्यों नहीं है?

इस स्थिति पर गहराई से विचार करने पर मुझे इस कमी के कई कारण दिखाई पड़ते है, जो विशेष कर हमारी सामाजिक संरचना और सोच से जुड़े हुए हैं। हमारे समाज में राजनीति को पुरुष प्रधान माना जाता है, वहीं महिलाओं को अक्सर घरेलू दायित्वों तक सीमित कर दिया जाता और इससे दूर रहने के लिए कहा जाता है। उन्हें सिखाया जाता है कि उनका काम परिवार की देखभाल करना है, और राजनीति जैसी जिम्मेदारी भरी चीजें पुरुषों के लिए हैं। इस सोच के कारण बहुत सी महिलाएँ राजनीति में आना ही नहीं चाहतीं। उन्हें बचपन से ही यह सिखाया जाता है कि उनकी पहली जिम्मेदारी उनका घर परिवार होना चाहिए। इसके चलते कई बार वे राजनीति जैसे समय और समर्पण की माँग करने वाले क्षेत्र में उतर ही नहीं पाती हैं।

इसका एक कारण यह भी हो सकता है कि हमारे देश में राजनीति के क्षेत्र की नकारात्मक छवि बनी हुई है। राजनीति को अक्सर हिंसा, भ्रष्टाचार, षडयंत्र और झगड़ों से जोड़कर देखा जाता है। इसलिएमहिलाओं के लिए यह क्षेत्र सुरक्षित नहीं माना जाता। खासकर ग्रामीण और कस्बाई इलाकों में यह धारणा और भी मजबूत होती है, जिससे महिलाएँ राजनीति में कदम रखने से हिचकिचाती हैं।

महिलाओं के पीछे रहने का एक कारण भेदभाव भी है। आज भी कई राजनीतिक दलों में महिलाओं को टिकट देने और प्रमुख पदों पर बैठाने में हिचकिचाहट देखी जाती है। महिलाएँ यदि राजनीति में आती भी हैं, तो उन्हें अक्सर पुरुषों के मुकाबले कम महत्वपूर्ण भूमिकाएँ दी जाती हैं। ग्रामीण और पिछड़े इलाकों में आज भी महिलाओं की शिक्षा का स्तर कम है। राजनीति में आने के लिए न केवल शिक्षा, बल्कि सही जागरूकता की भी आवश्यकता होती है, जिससे महिलाएँ राजनीति में अपनी भूमिका समझ सकें।

अभियानों की शुरुआत करनी चाहिए, जिसमें महिलाओं को राजनीति में सक्रिय भूमिका निभाने के लिए प्रेरित किया जाए। हालाँकि, समस्या बड़ी है, लेकिन इसका समाधान असंभव नहीं है। कुछ कदम उठाकर हम इस स्थिति को बदल सकते हैं। इसका सबसे पहला और महत्वपूर्ण कदम है महिलाओं को शिक्षा और राजनीतिक जागरूकता प्रदान करना।

इसका सबसे पहला और महत्वपूर्ण कदम है महिलाओं को शिक्षा और राजनीतिक जागरूकता प्रदान करना। यदि महिलाएँ शिक्षित होंगी और उन्हें उनके अधिकारों के बारे में जानकारी होगी, तो वे राजनीति में आने का साहस कर पाएँगी। इसके लिए सरकार और सामाजिक संगठनों को जागरूकता महिलाओं के लिए आरक्षण का प्रावधान तो है, लेकिन इसे सही ढंग से लागू करने की जरूरत है। पंचायत स्तर पर तो यह आरक्षण लागू है, लेकिन राज्य और राष्ट्रीय स्तर पर इसे और मजबूत करने की आवश्यकता है। इससे महिलाओं को राजनीति में प्रवेश के लिए एक मजबूत आधार मिलेगा।

राजनीति में महिलाओं की भागीदारी बढ़ाने के लिए उन्हें सुरक्षित और समर्थनपूर्ण माहौल देने की जरूरत है। राजनीतिक पार्टियों को यह सुनिश्चित करना चाहिए कि महिलाओं को राजनीति में समान अवसर और सुरक्षा मिले। साथ ही राजनीतिक दलों को महिलाओं के प्रति अपनी नीति में बदलाव लाना होगा। उन्हें महिला नेताओं को महत्वपूर्ण पदों पर बैठाना चाहिए और उनकी क्षमता पर भरोसा करना चाहिए। जब महिलाएँ नेतृत्व की भूमिकाओं में होंगी, तो यह समाज के अन्य महिलाओं के लिए भी एक प्रेरणा बनेगा। मीडिया को भी महिलाओं की राजनीति में भागीदारी को बढ़ावा देना चाहिए। जब मीडिया में महिला नेताओं की सफलता की कहानियाँ प्रमुखता से दिखाई जाएँगी, तो समाज में सकारात्मक संदेश जाएगा।

भारत में महिलाओं की राजनीति में कमी एक गंभीर मुद्दा है, जिसे नजरअंदाज नहीं किया जा सकता। हमारे देश की महिलाएँ हर क्षेत्र में आगे बढ़ रही हैं, चाहे वह शिक्षा हो, विज्ञान हो या फिर खेल। तो राजनीति में उनकी नगण्य उपस्थिति को नजरअंदाज नहीं किया जा सकता। इसके लिए उचित उपाय करना बेहद आवश्यक है। आधी आबादी की नेतृत्वकर्ता को सिर्फ 14 फीसदी या 33 फीसदी आरक्षण देने से काम नहीं चलेगा। 50-50 का अनुपात यहाँ भी करने की जरूरत है। यदि हम महिलाओं को सही अवसर और समर्थन देंगे, तो वे राजनीति में भी उसी तरह चमकेंगी, जैसे वे अन्य क्षेत्र में जैसे किसी कंपनी की सीईओ, मैनेजर डायरेक्टर या फिल्मी सितारों के रूप में सफल हो रही हैं। यह समय है कि हम सभी, चाहे वह सरकार हो, राजनीतिक दल हों या फिर समाज के सदस्य, इस दिशा में ठोस कदम उठाएँ और राजनीति में महिलाओं की भागीदारी को बढ़ावा दें। महिलाएँ सिर्फ परिवार नहीं, देश की भी नेतृत्वकर्ता बन सकती हैं, हमें सिर्फ उन्हें सही अवसर देने की जरूरत है।

युवाओं के हाथ में

राजनीति के नए युग की शुरुआत.....

10

युवाओं के हाथ में राजनीति के नए युग की शुरुआत.....

राजनीति.. यह शब्द सुनते ही अक्सर हमारे मन में नकारात्मक विचारों की बाढ़ आ जाती है। भ्रष्टाचार, सत्ता की भूख और धोखाधड़ी जैसे शब्द हमारे दिमाग में घूमने लगते हैं। समाज में राजनीति और राजनेता दोनों को ही नकारात्मक दृष्टि से देखा जाता है। आज के समय में शायद ही कोई माता-पिता होंगे, जो अपने बच्चे को राजनेता बनते देखना चाहते होंगे। राजनीति को लेकर आम जनता के मन में जो गलत धारणाएँ हैं, इन्हीं के कारण आज के युवा राजनीति से दूर भागते हैं, क्योंकि वे किसी प्रपंच या झंझट में नहीं पड़ना चाहते। लेकिन, राजनीति का क्षेत्र इतना ही गलत है, तो इसे सही कौन करेगा? क्या युवा, जो इस देश का भविष्य हैं, क्या उन्हें इसमें सुधार करने की कोशिश नहीं करनी चाहिए?

मेरा मानना है कि यदि किसी जगह आपको कहीं कुछ गलत होता दिखाई दे, तो बजाए दूर खड़े होकर उसकी निंदा करने के, उसका समाधान करने के लिए उसकी जड़ तक जाना चाहिए। हमारे युवाओं को भी राजनीति के नकारात्मक दृष्टिकोण को बदलने के लिए कुछ ऐसा ही करना चाहिए। उन्हें राजनीति में अपनी भागीदारी सुनिश्चित करनी चाहिए। युवाओं की राजनीति में भागीदारी, समाज में सकारात्मक बदलाव लाने का सबसे सशक्त माध्यम बन सकती है। जब युवा राजनीति में कदम रखेंगे, तो वे अपने नए विचार, नई सोच, लीक से हटकर काम करने के तरीके, ऊर्जा और उत्साह के साथ समाज की समस्याओं का समाधान नए दृष्टिकोण से खोजे सकेंगे। यही कारण है कि राजनीति में युवाओं की भागीदारी न सिर्फ आवश्यक है, बल्कि अनिवार्य भी है। राजनीति केवल सत्ता का खेल नहीं है, बल्कि यह समाज की भलाई के लिए कार्य करने का सबसे प्रभावी साधन है। यदि हम चाहते हैं कि हमारा देश प्रगति करे, तो हमें राजनीति में युवाओं की भागीदारी को बढ़ावा देना होगा।

राजनीति में आकर युवा समाज की भलाई के लिए काम कर सकते हैं। चाहे वे किसी भी पेशे में हों, इंजीनियर, डॉक्टर, शिक्षक या उद्यमी, राजनीति में आकर वे समाज में बदलाव ला सकते हैं।

राजनीति में कदम रखने का मतलब यह नहीं कि उन्हें अपना पेशा छोड़ना पड़ेगा, बल्कि वे अपनी विशेषज्ञता और अनुभव का उपयोग बड़े बदलाव लाने के लिए कर सकते हैं। मेरे विचार से युवाओं के राजनीति में आने से पारदर्शिता बढ़ेगी, क्योंकि आज का युवा भ्रष्टाचार और धाँधली से दूर भागता है। ये लोग जब राजनीति में आएँगे, तो समानता और न्याय का प्रसार होगा। आज का युवा टेक्नोलॉजी से अच्छी तरह परिचित है, इनके राजनीति में आने से टेक्नोलॉजी का सही उपयोग होगा और देश को ग्लोबल लेवल पर पहचान मिल सकेगी।

आप सोच रहे होंगे कि मैं राजनीति में युवाओं को आगे आने के लिए इतना जोर क्यों दे रहा हूँ, तो मैं आपको दुनिया भर के ऐसे कई उदाहरण दे सकता हूँ, जहाँ युवाओं ने राजनीति में प्रवेश किया और अपने देश के विकास में महत्वपूर्ण योगदान दिया। उदाहरण के लिए, फिनलैंड की पूर्व प्रधानमंत्री सना मारिन, जिन्होंने 34 साल की उम्र में प्रधानमंत्री का पद संभाला और यह साबित किया कि युवा नेता भी बड़े निर्णय ले सकते हैं और उन्हें सफलतापूर्वक लागू कर सकते हैं। सना ने सामाजिक कल्याण, पर्यावरण सुरक्षा और शिक्षा के क्षेत्रों में महत्वपूर्ण सुधार किए, जो फिनलैंड के विकास में महत्वपूर्ण साबित हुए। इसी प्रकार, जैसिंडा अर्डर्न, न्यूज़ीलैंड की पूर्व प्रधानमंत्री, जिन्होंने मात्र 37 साल की उम्र में सत्ता संभाली और देश की राजनीति में नई सोच और संवेदनशीलता का परिचय दिया। जैसिंडा ने अपनी नीतियों से दिखाया कि कैसे युवा समाज के हर वर्ग को ध्यान में रखकर निर्णय ले सकते हैं।

इन नेताओं की सफलता की कहानियाँ हमें यह बताती हैं कि जब युवा राजनीति में कदम रखते हैं, तो वे अपनी नई विचारधारा से बड़े बदलाव ला सकते हैं। बात करें भारत की, जहाँ सबसे बड़ा जनसंख्या वर्ग युवा है, वहाँ राजनीति में युवाओं की भागीदारी और भी महत्वपूर्ण हो जाती है। देश के विकास के लिए हमें ऐसे नेताओं की आवश्यकता है, जो न केवल वर्तमान समस्याओं को समझें, बल्कि उनके समाधान के लिए नवाचार और प्रौद्योगिकी का उपयोग भी कर सकें। साथ ही, भविष्य में आने वाले बदलावों के लिए भी सजग रहें।

अभी-भी भारत में कई युवा नेता अपनी पहचान बना रहे हैं। अनुप्रिया पटेल, चंद्रशेखर रावण, तेजस्वी सूर्या और चिराग पासवान जैसे युवा नेताओं ने देश की राजनीति में नया आयाम जोड़ा है। ये साबित करते हैं कि युवाओं के पास भी समाज के ज्वलंत मुद्दों को समझने और उनका समाधान करने की क्षमता है। इन युवा नेताओं ने रोजगार, शिक्षा और सामाजिक न्याय जैसे मुद्दों पर न केवल अपनी आवाज़ बुलंद की है, बल्कि इन समस्याओं के समाधान के लिए ठोस कदम भी उठाए हैं।

इसलिए, यही वह समय है जब युवाओं को राजनीति को करियर के रूप में चुनने पर विचार करना चाहिए।

यही समय है, जब हमें अपनी नकारात्मक सोच को बदलकर राजनीति को समाज में बदलाव लाने का साधन बनाने पर विचार करना चाहिए। राजनीति में युवाओं का आना न केवल देश के विकास के लिए आवश्यक है, बल्कि यह समाज के हर वर्ग की भलाई के लिए भी महत्वपूर्ण है। राजनीति में आकर वे न केवल अपने भविष्य को बेहतर बनाएँगे, बल्कि पूरे समाज के लिए एक उज्जवल भविष्य की नींव रख सकेंगे।

Now Available on
amazon
Flipkart
notionpress
दिल से
दिल विल
MY DIL GOES..
दिल-दश्त

दिल
व्यता

शिक्षा और सबक

सीखना ही जीवन है.....

01

सीखना ही जीवन है.....

जिस क्षण हम सीखना बंद कर देते हैं, वास्तव में हम जीना बंद कर देते हैं..

सीखना एक सुंदर यात्रा है, जो हमारे इस दुनिया में आने से शुरू होती है और तब तक जारी रहती है, जब तक हम आखिरी साँस नहीं ले लेते। एक शिशु का इस दुनिया की अद्भुत चीजों के बारे में पता लगाने से लेकर एक बुजुर्ग व्यक्ति के अच्छी तरह से जीए हुए जीवन पर विचार करने तक, हर दिन हमें कुछ नया सीखने का मौका देता है। जिस क्षण हम सीखना बंद कर देते हैं, वास्तव में हम जीना बंद कर देते हैं। हर दिन कुछ नया सीखना, अपने और दुनिया के बारे में जानना और व्यक्तिगत वृद्धि के लिए निरंतर खोज करना ही जीवन को पूरा और अर्थपूर्ण बनाता है, क्योंकि जहाँ सीखने की लालसा है, वहीं प्रगति है।

उस पल के बारे में एक बार विचार कीजिए, जब एक बच्चा अपना पहला कदम उठाता है और चलना सीखता है या फिर जब पहली बार वह साइकिल चलाना सीखता है; स्कूल जाता है, जहाँ वह नए दोस्त बनाता है और स्कूल तथा पढ़ाई की उलझनों को खुद ही सुलझाता है। ये अनुभव उसे कला मात्र ही नहीं सिखाते हैं, बल्कि उसके चरित्र का निर्माण भी करते हैं। ये चरित्र ही हमें आकार देते हैं, हम में सहनशीलता का निर्माण करते हैं, और अनमोल जीवन का पाठ प्रदान करते हैं। सीखना एक निरंतर चलने वाली प्रक्रिया है, जो कभी खत्म नहीं होती; यह हर बातचीत, हर चुनौती और हर हार-जीत में जारी रहती है, जिसका हम सामना करते हैं।

सीखना कभी इस बात पर निर्भर नहीं करता कि आपने किस विश्वविद्यालय से डिग्री ली है या आप अपने पेशे में कितने उच्च पद पर हैं। बिना बुनियादी शिष्टाचार और मानवता की भावना के, शैक्षणिक उपलब्धियाँ भी अपनी चमक खो देती हैं। सच्ची शिक्षा पाठ्यपुस्तकों और डिग्रियों से परे है; यह दया, सहानुभूति और दूसरों के प्रति सम्मान को समझने की आपकी क्षमता से आँकी जाती है। ये गुण एक अच्छी तरह से जीए गए जीवन की नींव हैं और अक्सर औपचारिक शिक्षा के बजाए अनुभवों से सीखे जाते हैं। अक्सर आप ऐसे लोगों से मिलते होंगे, जिनके पास डिग्रियाँ नहीं हैं, लेकिन वे अपने साथ अनुभव, बुद्धिमत्ता और प्रतिभा का भंडार लिए चलते हैं।

इन लोगों ने अपने जीवन के अनुभव से यह ज्ञान प्राप्त किया है, जिसे कोई कक्षा या कोई किताबी ज्ञान प्रदान नहीं कर सकता है। उनके पाठ वास्तविक दुनिया के अनुभवों, संघर्षों, असफलताओं और सफलताओं में निहित होते हैं। ऐसे लोगों के पास यदि आप कुछ समय भी बैठ जाएँ, तो निश्चित ही आप जीवन का कोई नया रूप जान पाएँगे। वे अपने जीवन के अनुभवों को किस्से-कहानियों के जरिए, हमें सहनशीलता, व्यावहारिक समस्या का समाधान और विनम्र व स्थिर बने रहने का महत्व सिखाते हैं। उदाहरण के लिए, हमारे दादा-दादी को ही ले लें। हो सकता है कि उन्हें आज की टेक्नोलॉजी का ज्ञान न हो, लेकिन उनके जीवन की कहानियाँ धैर्य, कड़ी मेहनत और प्रेम के पाठों से भरी होती हैं। उनकी सलाह अक्सर गहरी समझ और चिंतन से उत्पन्न होती है, जो हमें गहन और व्यावहारिक अंतर्दृष्टि दोनों प्रदान करती है। उनकी कहानियों को सुनकर और उनके अनुभवों से सीखकर, हम जो दृष्टिकोण प्राप्त करते हैं, वो हमें हमारे जीवन के हर एक कदम पर हमारा बेहतरी से मार्गदर्शन करते हैं।

आज की तेजी से भागती हुई दुनिया में, जहाँ टेक्नोलॉजी लगातार विकसित हो रही है, वहीं लगातार सीखने की जरुरत भी पहले से कहीं अधिक बढ़ गई है। प्रासंगिक और प्रतिस्पर्धी बने रहने के लिए नए कौशल और ज्ञान के साथ अपडेट रहना बहुत जरुरी हो गया है। हालाँकि, इसका मतलब यह नहीं है कि जीवन के मूल्यों को सीखने का महत्व कम हो गया है। सहानुभूति, करुणा और दया भाव ये तो वे गुण हैं, जो आपको जीवन में हमेशा ही सफल बनाते हैं। इसलिए जीवन में आप कितना भी ज्ञान अर्जित कर लें, सीखना कभी बंद न करें। अपने आस-पास के लोगों और परिस्थितियों से आप जो कुछ भी सीख सकते हैं, जरुर सीखें।

सीखने को कभी-भी एक बोझ या जरुरत के रूप में नहीं देखा जाना चाहिए; बल्कि इसे तो एक खोज के रूप में अपनाना चाहिए। प्रत्येक दिन अपने साथ सीखने के नए अवसर लेकर आता है- चाहे वह एक नया शौक हो, बातचीत से एक अलग दृष्टिकोण हो, या फिर किसी गलती से सीखा हुआ कोई पाठ ही हो। एक खुले और जिज्ञासु मन के साथ इन अवसरों को अपनाने से एक समृद्ध और अधिक अर्थपूर्ण जीवन की ओर जाया जा सकता है। सीखने की सुंदरता यह है कि इसकी कोई सीमा नहीं है। यह कक्षाओं में सीमित नहीं है या उम्र से बंधा हुआ नहीं है। आप कुछ भी, कहीं भी, कभी भी और किसी से भी सीख सकते हैं। अजनबियों के साथ की गई बातचीत से, पढ़ी गई पुस्तकों से, की गई यात्राओं से और सामना की गई चुनौतियों से, हर घटना से कुछ न कुछ सीखा जा सकता है। चिंतन के सरल पलों से लेकर जटिल निर्णयों तक हर विचार हमें कुछ सिखवाता है। तो, चलिए जीवन में निरंतर सीखने की प्रतिज्ञा करते हैं। नए विचारों और अनुभवों का दिल खोलकर स्वागत करते हैं। इसके लिए विभिन्न दृष्टिकोणों की खोज के लिए उत्सुक रहें। अपनी क्षमता से परे निकलने के लिए तैयार रहें। सिर्फ किताबों और विशेषज्ञों से ही नहीं, बल्कि एक-दूसरे से, हमारे अनुभवों से और हमारे चारों ओर की दुनिया से भी सीखें।

याद रखें, एक बार पुनः कह रहा हूँ कि जिस दिन हम सीखना बंद कर देते हैं, उस दिन हम जीना बंद कर देते हैं। जीवन भर सीखने की यात्रा पर बने रहें, तब आपको पता चलेगा कि जीवन अधिक समृद्ध, अधिक जीवंत और अनंत है। चाहे वह एक नया कौशल हो, एक गहन दृष्टिकोण हो, या फिर जीवन के बारे में एक सरल सत्य हो, सीखा गया हर पाठ हमें अपने आप का एक बेहतर संस्करण बनने के लिए प्रेरित करता है। तो सीखते रहें, बढ़ते रहें और अपने जीवन को पूर्णता से जीएँ।

जीवन के हर दरवाजे को खोल सकती है

ज्ञान की कुँजी

02

जीवन के हर दरवाजे को खोल सकती है ज्ञान की कुँजी

कल्पना जब हम अपनी आँखें बंद कर सपनों की दुनिया में खो जाते हैं, तो हम कल्पना की अनंत ऊँचाइयों पर उड़ने लगते हैं, जहाँ हर असंभव काम भी हमे संभव होता दिखाई देने लगता है। लेकिन, क्या आपको पता है कि इस संसार के जादू को भी हकीकत में बदलने की एक जादुई कुँजी है? हाँ, यह कुँजी है- ज्ञान। ज्ञान सिर्फ एक शब्द ही नहीं है, बल्कि एक संपूर्ण अनुभव और एक अविस्मरणीय यात्रा भी है, जो आपके जीवन के हर दरवाजे को खोल सकती है। ज्ञान, केवल पुस्तकों में लिखे अक्षरों का संग्रह नहीं है; यह एक अनंत महासागर है, जिसमें हर लहर नई संभावनाओं का संदेश लेकर आती है। यह वह अदृश्य शक्ति है, जो अज्ञानता की दीवारों को तोड़कर, ज्ञान के सूरज की पहली किरण आपके जीवन में लाती है। जब आप अज्ञानता के गहरे अंधेरे में खोए होते हैं, तब ज्ञान की रोशनी आपकी राह को सँवार देती है, आपकी मुश्किलों को आसान बना देती है और आपके सपनों को हकीकत में बदल देती है।

बचपन से ही जब आप कुछ नया सीखना शुरू करते हैं, तो मानो आप अपने जीवन के हर दरवाजे पर एक नई चाबी लगाते हैं। ज्ञान की इस चाबी से आप उन दरवाजों को खोल सकते हैं, जो आपकी सोच को बढ़ाती है, आपकी क्षमताओं को तराशती है और आपके सपनों को साकार करने की दिशा में मार्गदर्शक बनती है। ज्ञान आपको न सिर्फ नई जानकारी देता है, बल्कि यह आपके दृष्टिकोण को भी बदलता है और आपकी सोच की दिशा को नई ऊँचाइयों पर ले जाता है।

कीजिए और जीवन को एक भव्य महल मानिए। इस महल में हजारों दरवाजे हैं, प्रत्येक दरवाजा एक नई संभावना, एक नई अवसर को दर्शाता है। ज्ञान ही वह जादुई चाबी है, जो आपको हर दरवाजे तक पहुँचने का रास्ता दिखाता है। चाहे वह आत्म-विकास का कमरा हो, करियर की ऊँचाइयों का बगीचा हो, या समाज की भलाई का पुस्तकालय हो; ज्ञान के माध्यम से आप हर कमरे की गहराई को समझ सकते हैं, उसके रहस्यों को जान सकते हैं और अपने जीवन को नई दिशा दे सकते हैं। जब आप ज्ञान की राह पर चल रहे होते हैं, तो आप हर कदम पर नई खोजों की दिशा में बढ़ते हैं।

ज्ञान के हर कतरे के साथ, आपके विचारों की तस्वीर स्पष्ट होती जाती है, आपकी संभावनाएँ खुलती जाती हैं। यह एक ऐसा सफर है, जिसमें हर अनुभव, हर नया ज्ञान एक नए रंग के फूल की तरह आपके जीवन की बगिया में खिलता है। ये रंग आपके जीवन को नया आयाम देते हैं, आपकी सोच को उन्नत बनाते हैं और आपको उन ऊँचाइयों तक ले जाते हैं, जहाँ से आपके सपनों की उड़ान शुरू होती है।

ज्ञान सिर्फ एक साधन नहीं है, बल्कि एक ऐसा साथी है, जो आपके अंधेरे रास्तों को रोशन करता है। यह एक जादुई छड़ी है, जो आपके विचारों को आकार देती है, आपके सपनों को पंख देती है और आपकी यात्रा को खूबसूरत बनाती है। यह वह सच्चाई है, जो आपको जीवन की हर चुनौती का सामना करने के लिए तैयार करती है, आपको आत्म-संवेदनशील बनाती है और समाज के प्रति आपकी जिम्मेदारियों को स्पष्ट करती है।

आपने कभी महसूस किया है कि ज्ञान आपके जीवन के सबसे कठिन क्षणों में एक चमकदार सितारे की तरह काम करता है? जब आप निराश होते हैं, जब आप खुद को खोया हुआ महसूस करते हैं, तब ज्ञान की ताकत आपको दिशा दिखाती है, आपको प्रेरित करती है और आपके अंधेरे के क्षणों में भी एक नई उम्मीद की किरण देती है। यह आपको सिखाती है कि असफलताएँ भी एक अनुभव होती हैं, जो आपकी सफलता की कहानी को और भी प्रेरणादायक बनाती हैं। ज्ञान का हर कदम आपके जीवन को सजाता है, आपके विचारों को संवारता है और आपके सपनों को साकार करता है। यह आपको सजग बनाता है, आपको उन संभावनाओं के दरवाजे तक पहुँचने की क्षमता प्रदान करता है, जिनकी आपने कभी कल्पना भी नहीं की थी। ज्ञान न सिर्फ आपको एक बेहतर इंसान बनाता है, बल्कि यह आपको समाज के प्रति आपकी जिम्मेदारियों को भी समझाता है। यह आपको सिखाता है कि आप अपनी यात्रा को कैसे बेहतर बना सकते हैं और समाज के उत्थान में भी योगदान दे सकते हैं।

ज्ञान एक ऐसा कला-रूप है, जो आपके जीवन को निखारता है, आपकी सोच को प्रेरित करता है और आपको एक नई दिशा की ओर ले जाता है। इसलिए, अपने आप को इस जादुई कुँजी से सजाएँ, अपनी यात्रा को प्रेरणादायक बनाएँ और देखें कि आपके जीवन के दरवाजे किस तरह खुलते हैं और आपकी संभावनाओं के नए जगत को उजागर करते हैं। ज्ञान की इस अनमोल कुँजी के साथ, आप अपने जीवन की सबसे बड़ी उपलब्धियाँ प्राप्त कर सकते हैं और अपने सपनों को हकीकत में बदल सकते हैं।

सफलता मेहनत से या फिर सोच से?

03

सफलता मेहनत से या फिर सोच से?

आपकी सफलता का आकार, आपकी सोच पर निर्भर करता है

लोग अक्सर मानते हैं कि सफलता मेहनत करने से मिलती है। जितनी अधिक हम मेहनत करेंगे, उतनी अधिक सफलता पाएँगे.. आप क्या सोचते हैं? क्या सच में आपको लगता है कि यह सही है? यदि सही है तो कितना सही है? क्या सचमुच सफलता में सिर्फ और सिर्फ मेहनत का ही योगदान होता है??

मुझे नहीं लगता। मेरे विचार में, सफलता बहुत हद तक आपकी सोच पर निर्भर करती है। यदि आपने ठान लिया कि आप सफल होंगे, तो आपको सफल होने से दुनिया की कोई भी ताकत रोक नहीं सकती। मैं मानता हूँ कि जितना बड़ा आप सोच सकते हैं, उतनी ही बड़ी सफलता आप अपने नाम कर सकते हैं। आपकी मेहनत से ज्यादा, आपकी सोच आपकी सफलता का आकार तय करती है।

वह कहते हैं न कि जैसा हमारा औरा होता है, वैसा ही हमारे साथ जीवन में होने लगता है। जब हम सोचते हैं कि हम किसी लक्ष्य को प्राप्त कर सकते हैं, तो हमारा मन और शरीर उसी दिशा में काम करने लगते हैं। यह सोचने की शक्ति ही हमें कठिन परिस्थितियों में भी आगे बढ़ने की प्रेरणा देती है। कई बार हम देखते हैं कि रात-दिन एक करके सिर्फ और सिर्फ मेहनत करने वाले लोग भी असफल हो जाते हैं। बार-बार कोशिश करने के बाद भी उनके हाथ हार ही लगती है। लेकिन, इससे परे जो लोग अपने लक्ष्य पर विश्वास करते हैं, वे किसी न किसी तरह सफल हो ही जाते हैं।

महान वैज्ञानिक थॉमस एडिसन का जीवंत उदाहरण हम सभी के सामने है। वे हजारों बार असफल हुए, और तब तक नहीं रुके, जब तक उन्होंने बल्ब का आविष्कार नहीं कर दिया। यहाँ मेहनत से अधिक वह सोच काम आई, जो उन्होंने कुछ अलग, सबसे अलग करने के लिए ठान रखी थी। उन्होंने कभी हार नहीं मानी और अपने से भी ऊपर हमेशा अपनी सकारात्मक सोच को रखा। उन्हें विश्वास था कि आज न सही, कल वे सफल जरूर होंगे, और अंततः वे सफल हुए भी।

उन्होंने उनकी पीठ पीछे हँसने वाले लोगों की आवाज़ की भनक तक अपने कानों को पड़ने नहीं दी। इसी तरह, कितने ही बड़े-बड़े उद्योगपति, खिलाड़ी और कलाकार भी अपनी सोच के बल-बूते पर ही अपने-अपने क्षेत्र में सफल हुए हैं।

सकारात्मक सोच न सिर्फ आपके आत्मविश्वास को बढ़ाती है, बल्कि आपके आस-पास के वातावरण को भी सकारात्मक बनाती है। जब हम सकारात्मक सोचते हैं, तो हम अपने आप को और दूसरों को भी प्रेरित करते हैं। इसके विपरीत, नकारात्मक सोच हमें डर और असफलता की ओर ले जाती है।

क्या आपने कभी किसी अरबपति को मेहनत करते देखा है? हर मिनट, हर सेकंड में लाखों-करोड़ों रुपए कमाने वाले इन अरबपतियों की कंपनियों के कर्मचारी मेहनत करते हैं। बेशक, सफल कंपनी के साथ-साथ वे भी होते हैं, लेकिन असल में बड़ी सफलता किसके हाथ होती है? बड़ी सोच रखने वाले की। एक अरबपति की सोच, उसकी दृष्टि, दृढ़ता और रणनीति ही उसे दूसरों से अलग बनाती है। उसकी सोच ही उसकी कंपनी को ऊँचाइयों तक ले जाती है। उनके उद्देश्य, संयम, सोच, प्रयास और मेहनत के संयोजन से वे यह मुकाम हासिल कर सके हैं। यह संयोजन बिल्कुल स्वादिष्ट सब्जी की तरह है, जिसमें सभी मसाले उचित मात्रा में डाले जाते हैं। यदि आप सारे मसालों को छोड़कर नमक ही नमक डालते जाएँगे, तो न सिर्फ वह सब्जी बेरंग बनेगी, बल्कि बेस्वाद भी होगी। यहाँ मैं नमक की तुलना मेहनत से करना चाहता हूँ। बिना सोच-विचार के मेहनत ही मेहनत करते चले जाने से हाथ कुछ भी नहीं लगेगा।

यही वजह है कि उद्यमियों के लिए सोच का महत्व और भी बढ़ जाता है। एक उद्यमी को न सिर्फ अपने व्यवसाय को बढ़ाने के लिए, बल्कि अपने कर्मचारियों और समाज को भी प्रेरित करने के बारे में भी सोचना होता है। उद्यमी की सकारात्मक सोच न सिर्फ उसे, बल्कि उसके आसपास के लोगों को भी प्रेरित करने का काम करती है।

एक और उदाहरण से समझाता हूँ, मान लीजिए आप अपने घर के बाहर वाली सड़क पर एक गड्ढा खोदना शुरू कर रहे हैं। आप खूब मेहनत कर रहे हैं और बिना रुके इसे लगातार खोदते ही चले जा रहे हैं, वह भी बिना किसी उद्देश्य के। आप खुद ही बताइए कि इस खुदाई से आपको हासिल क्या होगा? क्या आपको सफलता मिलेगी?? बेशक मिलेगी, आपने एक बड़ा-सा और गहरा गड्ढा खोद दिया है.. आपने सफलता हासिल की है किसी की जान जोखिम में डालने की.. कोई मासूम इंसान या जानवर राह चलते उसमें गिर सकता है, बुरी तरह चोटिल हो सकता है, और बहुत ही ज्यादा गहरा हुआ, तो हो सकता है किस आप किसी बेकसूर की जान लेने में भी सफलता हासिल कर लें.. मैं आपसे ही पूछता हूँ, क्या आप इसे सफलता का नाम देंगे?? ऐसी सफलता आखिर किस काम की, जिसका कोई आधार ही न हो..

मैं यह नहीं कहता कि मेहनत का कोई महत्व ही नहीं है। मेहनत के साथ सोच का संतुलन होना जरूरी है। हाँ, फिर सिर्फ सोचते रहने से भी सफलता नहीं मिल जाती, बल्कि उसके लिए निरंतर प्रयास करना भी बहुत जरुरी है। मेहनत करने से हमारे भीतर धैर्य, अनुशासन और संघर्ष की भावना विकसित होती है। लेकिन, यदि मेहनत के साथ सकारात्मक सोच भी हो, तो सफलता की संभावनाएँ कई गुना बढ़ जाती हैं।

अपनी सोच को विकसित करने के लिए कुछ उपाय हैं। सबसे पहले, अपने जीवन के लिए स्पष्ट और सार्थक लक्ष्य निर्धारित करें। इससे आपकी सोच को एक दिशा मिलेगी और अंततः आप अपने प्रयासों को भी सही दिशा में लगा पाएँगे। नकारात्मक विचारों से खुद को दूर रखकर सकारात्मक विचारों की संगत अपनाएँ। इसके लिए आप प्रेरणादायक किताबें पढ़ सकते हैं, सफल लोगों की जीवन कहानियों से प्रेरणा ले सकते हैं और खुद को प्रेरित रखने के लिए सकारात्मक वातावरण बना सकते हैं।

अपने आप पर विश्वास रखें। आत्मविश्वास सफलता का एक महत्वपूर्ण हिस्सा है। आत्मविश्वास बढ़ाने के लिए छोटे-छोटे लक्ष्य तय करें और उन्हें पूरा करें। इससे खुद पर आपका विश्वास बढ़ेगा और आप बड़े लक्ष्यों को भी प्राप्त कर सकेंगे। संघर्ष और असफलता को भी अपने जीवन का हिस्सा मानें, क्योंकि असफलता से हमें यह सीखने को मिलता है कि हमें क्या नहीं करना है। यह हमें मजबूत बनाती है। वहीं, संघर्ष के दौरान सबसे अधिक जरुरत होती है सकारात्मक सोच की और उससे सीखकर आगे बढ़ने की।

आप देख सकते हैं कि जो लोग जीवन में सफल हुए हैं, उन्होंने हमेशा बड़े सपने देखे हैं। उनकी सोच ने उन्हें प्रेरित किया और उनकी मेहनत ने उन्हें उन सपनों को साकार करने में मदद की। अब्राहम लिंकन, जो अमेरिका के महान राष्ट्रपति बने, एक गरीब परिवार से ताल्लुक रखते थे। उन्होंने अपनी सोच को बड़ा रखा और लगातार संघर्ष किया, इसी का परिणाम था कि वे एक महान नेता बने। आपकी मेहनत और सकारात्मक सोच का संयोजन ही आपको सफलता की ऊँचाइयों तक ले जाएगा। इसलिए, मेहनत करें, लेकिन सकारात्मक सोच के साथ। याद रखें, आपकी सोच ही आपकी सफलता का आकार निर्धारित करती है। "सोच बदलो, जीवन बदलेगा" मूलमंत्र को अपनाकर जीवन में हर काम करें और देखिए कि क्या आपको फिर सफल होने से रोकता है।

मौत किराए पर नहीं मिलती

04

मौत किराए पर नहीं मिलती

इस दुनिया में लगभग हर चीज़ किराए पर मिल जाती है, जैसे कि घर, गाड़ी, कपड़े और यहाँ तक कि गहने भी। लेकिन, एक चीज़ ऐसी है, जिसके लिए अपने जीवन की सारी मालकियत, दौलत-शोहरत आदि चाहे जो कुछ भी न्यौंछावर कर दो, चाहे कुछ भी कर लो, वह कभी किराए पर नहीं मिलती.. मैं जिस चीज की बात कर रहा हूँ, वह और कुछ नहीं, बल्कि मौत है। मौत न तो रिश्वत लेती है, और न ही कोई सौदेबाजी करती है.. यह एक ऐसा सत्य है, जो हमें जीवन की असली कीमत और उसकी अनमोलता का एहसास कराता है। दो अक्षर का यह छोटा-सा शब्द हमें याद दिलाता है कि हमारा जीवन कितना महत्वपूर्ण है और इसे पूरी तरह से जीना कितना जरुरी है।

खरबों की संपत्ति के मालिक माननीय रतन टाटा जी हमारे बीच नहीं हैं, लेकिन उनके निधन से पहले उन्होंने जो अपने अंतिम विचार पेश किए, वो दुनिया के छोटे से लेकर बड़े से बड़े शख्स को भीतर तक हिलाकर रख देने के लिए काफी हैं। उन्होंने कहा कि मैं व्यापार जगत में सफलता के शिखर पर पहुँच चुका हूँ। बेशक, मेरा जीवन दूसरों की नज़र में एक बहुत बड़ी उपलब्धि है। हालाँकि, काम के अलावा मेरे पास कोई खुशी नहीं है। रुपया-पैसा सिर्फ एक सत्य है, जिसका मैं उपयोग करता हूँ।

इस समय अस्पताल के बिस्तर पर लेटे हुए और अपनी पूरी जिंदगी को याद करते हुए, मुझे एहसास होता है कि जिस पहचान और पैसे पर मुझे गर्व था, वह मृत्यु से पहले खुद को झूठा और बेकार साबित कर चुका है। आप अपनी कार चलाने या पैसे कमाने के लिए किसी को किराए पर ले सकते हैं। लेकिन, आप अपनी जगह किसी और को पीड़ित होने और मरने देने के लिए किराए पर नहीं ले सकते।

कितनी बड़ी सीख है यह हमारे जीवन के लिए कि पैसों से हर चीज नहीं खरीदी जा सकती, जबकि वो लोग न जाने किस असमंजस में जी रहे हैं, जो कहते फिरते हैं कि हाथ में पैसा आ जाए, तो हम पूरी की पूरी दुनिया ही खरीद लें।

हमारे जीवन में कई बार कई वस्तुएँ गुम हो जाती हैं। कई दफा ये खोई हुई भौतिक वस्तुएँ मिल भी जाती हैं।

लेकिन, एक चीज़ है, जो यदि एक बार खो जाए, तो फिर कभी नहीं मिलती, और वह है जीवन। हम जीवन के किसी भी चरण में हों, कितनी ही ऊँचाइयाँ छू लें, एक न एक दिन हमें इस समय का सामना करना ही होगा, जब दिल से धड़कन का साथ छूट जाएगा। तीन स्थान ऐसे हैं, जहाँ जाकर जीवन के महासागर की गहराई चंद मिनटों में ही माप ली जाती है। ये स्थान हैं: अस्पताल, जेल और श्मशान। अस्पताल में आप समझेंगे कि स्वास्थ्य सबसे बड़ा धन है। जेल में आज़ादी की असली कीमत समझ में आती है। और श्मशान में आपको एहसास होता है कि जीवन कितना क्षणभंगुर है।

बचपन में हमें बेशक घड़ी, गाड़ी, बंगला और अच्छे कपड़े लुभा सकते हैं, लेकिन जैसे-जैसे हम बड़े होते जाते हैं, हमें एहसास होता है कि महँगी चीज़ें असल में हमें खुशी नहीं देतीं। जीवन में सबसे अधिक जरुरी है सुकून का होना। यदि सुकून नहीं, तो फिर दौलत-शोहरत कुछ भी नहीं।

चाहे हम 300 रुपए की घड़ी पहनें या फिर 3000 रुपए की, समय दोनों एक ही बताती हैं। चाहे हमारे पास 100 रुपए का पर्स हो या 500 रुपए का, वह पैसे रखने के ही काम आता है। चाहे हम 5 लाख रुपए की कार चलाएँ या फिर 50 लाख की, रास्ता और दूरी एक ही होती है और मंजिल भी। घर चाहे 300 वर्ग फुट का हो या 3000 वर्ग फुट का, यदि मन में अकेलापन है, तो फिर यह हर जगह समान ही होता है। सच तो यह है कि सच्ची खुशी इस दुनिया की भौतिक वस्तुओं में नहीं होती। जब हम जीवन की अनमोलता को समझते हैं, तो हमें अपने परिवार और दोस्तों के साथ बिताए समय की सच्ची खुशी का महत्व समझ में आता है। फर्स्ट क्लास या इकोनॉमी क्लास में उड़ान भरने से कोई फर्क नहीं पड़ता, यदि विमान नीचे गिरता है, तो हम सभी एक साथ और एक तरह से ही सब नीचे गिरेंगे।

इसलिए, अपने परिवार, जीवनसाथी और दोस्तों से प्यार करें, उनके साथ अच्छा व्यवहार करें, कभी किसी के साथ छल न करें, कभी कोई काम ऐसा न करें, जिससे किसी के दिल को ठेस पहुँचे। अपने दोस्तों और परिवार के साथ हँसना, बोलना और बातें करना ही सच्ची खुशी है।

हमारे जीवन की असली सच्चाई यही है और हमें अपने बच्चों को सिर्फ अमीर बनना नहीं, बल्कि खुश रहना सिखाना चाहिए। जब वे बड़े होंगे, तो उन्हें चीज़ों की कीमत नहीं, उनका मूल्य पता होगा। आज हम जिस ज़मीन पर चल रहे हैं, कल वह भी हमारी नहीं होगी। जिन भौतिक वस्तुओं के लिए हम तेरा-मेरा करके जीवन भर लड़ते रहते हैं, उनमें से छटाँक भर भी हम अपने हिस्से में अपने साथ नहीं ले जा सकेंगे। फिर ये दँगा-फसाद क्यों? क्यों नहीं हम विनम्र हो जाते और अपने माता-पिता का धन्यवाद् करते, जिन्होंने हमें यह जीवन दिया?

ज़रा-सी सफलता पर उछलने वाले हम जैसे लोगों को माननीय रतन टाटा जी के साथ ही सिकंदर, राकेश झुनझुनवाला और अजीज प्रेमजी जैसी शख्सियतों से भी यह सीख लेना चाहिए कि जीवन में सफलता प्राप्त करने के बाद भी विनम्रता और कृतज्ञता बनाए रखना यदि आपको आता है, तो आपका मूल्य क्या है। उनकी उपलब्धियाँ हमें प्रेरित करती हैं, लेकिन उनके विचार और जीवन के प्रति उनका दृष्टिकोण हमें सिखाता है कि असली खुशी और संतोष आखिर विनम्रता से ही आता है।

मौत की अनिवार्यता हमें जीवन के मूल्य और उसकी अनमोलता को समझने के लिए प्रेरित करती है। हमें अपने जीवन को पूरी तरह से जीना चाहिए, अपने सपनों को पूरा करने के लिए मेहनत करनी चाहिए और अपने परिवार और दोस्तों के साथ समय बिताना चाहिए। भौतिक वस्तुएँ और संपत्ति हमें असली खुशी नहीं दे सकतीं, लेकिन सच्चे रिश्ते और प्यार हमें वह खुशी और संतोष दे सकते हैं, जो हम जीवन में तलाशते हैं। जीवन अनमोल है और हमें इसे पूरी तरह से जीना चाहिए।

बाद पछताए क्या होत,
जब चिड़िया चुग गई खेत..

05

बाद पछताए क्या होत, जब चिड़िया चुग गई खेत..

हम एक ऐसे समय में जी रहे हैं, जहाँ विज्ञान और तकनीक ने हमारे जीवन को बेहद सुविधाजनक बना दिया है। हम हजारों किलोमीटर दूर बैठे इंसान को देख और सुन सकते हैं, पूरी दुनिया हमारे मोबाइल में समा गई है, कारण कि आज का युग तकनीकी का युग है। वीडियो कॉल, सोशल मीडिया और इंटरनेट ने हमें हर एक क्षण अपने प्रियजनों से जोड़े रखा है। लेकिन, क्या हमने कभी इस बात पर विचार किया है कि तकनीकी क्राँति की इस चकाचौंध में हमने क्या खो दिया है? क्या कभी इस बात पर हमारा ध्यान गया कि अपनी मानवीय संवेदनाओं और करीबी रिश्तों को हम कितना पीछे छोड़ आए हैं? हम इंसान आज बहुत ऊपर उठ चुके हैं, लेकिन इस बात से भी किनारा नहीं किया जा सकता कि हमारी इंसानियत दिन पर दिन गिरती जा रही है।

आज, हम अपने मोबाइल फोन और कम्प्यूटर स्क्रीन पर इतने व्यस्त हैं कि हमारे आसपास के लोगों की तकलीफ और दर्द कभी हमें नज़र ही नहीं आते। हमें दुःख और तकलीफ दिखते हैं, तो सिर्फ सोशल मीडिया पर दुःख भरी पोस्ट्स डालने और नकली आँसू वालीं रील्स बनाने वालों के। सारी की सारी दया हमारी सिर्फ इन्हीं लोगों में सिमट कर रह गई है। कटु है, लेकिन सत्य है कि हम अपने फोन में दुनिया घूम लेते हैं, लेकिन अपने ही आस-पास के लोगों को देखने, उन्हें सुनने और जानने का समय हमारे पास नहीं होता। यह विडंबना ही है कि हम उन लोगों के साथ संपर्क में हैं, जो हजारों मील दूर किसी कोने में बैठे हैं, और तो और हो सकता है कि वो असल में वो है ही नहीं, जो हमें दिखाते हैं, लेकिन हम उनके साथ संपर्क में नहीं हैं, जो हमारे पास हैं और जिन्हें हमारी सबसे ज्यादा जरूरत है।

पहले के समय में लोग घर के आँगन, गली-नुक्कड़, बरामदे और ओटले आदि पर बैठकर घंटों अपने प्रियजनों के साथ समय बिताते थे, तब जीवन में एक विशेष प्रकार की मिठास थी। वे प्रियजनों से अपने मन की बातें साझा करते थे और सामने वाले के मन की भी इत्मीनान से सुनते थे। इस खुले संवाद से न सिर्फ मन का गुबार निकल जाया करता था, बल्कि डिप्रेशन जैसे शब्द का दूर-दूर तक कहीं कोई नाता नहीं होता था, क्योंकि लोग अपनी भावनाओं को खुलकर व्यक्त करते थे और उन्हें दूसरों से समझदारी और सहानुभूति मिलती थी।

आज के समय में, यह तस्वीर काफी बदल गई है। हम सभी जानते हैं कि आज हमारे पास उस समय जैसा समय नहीं है। हम सभी अपने-अपने कामकाज में इतने व्यस्त हो गए हैं कि अपने प्रियजनों के साथ समय बिताना तो दूर, उनके साथ बैठकर दो पल बैठकर बातें करने का समय भी नहीं मिलता। "मुझसे तुझसे ढेर सारी बातें करना है, चल शाम को पास वाले बगीचे में अपने वाले ओटले पर बैठक करते हैं" अब तो इस तरह की बातें भी विलुप्ति की कगार पर हैं।

माना कि हमारे पास अब घंटों का समय नहीं है, माना कि हम सभी अपने-अपने काम-काज में काफी व्यस्त हैं.. लेकिन, इतनी व्यस्तता भी क्या काम की, जो हमें अपने ही लोगों से दूर कर दे। किसी के मन में कितने सवाल हैं, जिनके जवाब उसके पास नहीं हैं और वह चाहता है कि कोई अपना उसे समाधान के साथ जवाब दे दे, लेकिन शर्म की बात है कि आज कंधे से लगाकर कोई अपना दुःख-दर्द कम करने वाला भी हमारे पास नहीं बचा है, कारण कि सब अपने-अपने में मस्त हैं। जब वह दर्द का जाया व्यक्ति कोई बड़ा कदम उठा लेता है, तब जाकर उसकी और उसकी परेशानियों की याद हमें आती है। उसके बाद उसके जीवन की सारी परेशानियाँ सुनने को और समाधान निकालने को हम तैयार रहते हैं। जो मिलता है, उससे यही कहते फिरते हैं कि "मुझसे तो एक बार अपने मन की कह लेता, तो आज हमारे साथ, हमारे पास होता।" लेकिन, तब तक बहुत देर हो चुकी होती है। न सिर्फ बात, बल्कि व्यक्ति भी हमारे हाथों से और हमारे जीवन से निकल चुका होता है। पास होता है, तो सिर्फ और सिर्फ पछतावा। वह कहते हैं न कि बाद पछताए क्या होत, जब चिड़िया चुग गई खेत..

भाई, आपको सुनने की प्रतीक्षा ही क्यों करना है? समस्या में पहले से ही घिरा हुआ आदमी आगे से आपके पास आखिर क्यों चलकर आएगा? आप खुद क्यों समझने की कोशिश नहीं करते? उस शख्स के बदलते भाव, उसका अनमना व्यवहार, उसकी बेरुखी, उसकी मायूसी, उसकी खामोशी, उसकी टीस आखिर क्यों आपको नज़र नहीं आती? अरे, आप किस बात के अपने हैं? किस मुँह से उसे आप अपना कह रहे हैं? हम अपने ही प्रियजनों की भावनाओं को न समझ सकें, उनके दुःख और परेशानियों को न जान सकें, तो फिर हमारा होना आखिर किस काम का? अपनेपन का मतलब सिर्फ नाम मात्र का संबंध नहीं, बल्कि भावनात्मक जुड़ाव और समझ भी है।

यह स्थिति आपने भी अपने जीवन में कभी न कभी देखी ही होगी, तो ज़रा सोचिए, क्या आप कभी उसके पास गए और उससे पूछा कि वह क्यों परेशान है? क्या कभी उसकी आँखों में झाँक कर उसके दर्द को पढ़ने की कोशिश की? उसकी चुप्पी को समझने का प्रयास किया? उसकी भावनाओं को महसूस करने की कोशिश की? शायद नहीं। हम अक्सर अपने में ही इतने उलझे रहते हैं कि हमें अपने ही लोगों की परेशानियाँ और दुख नज़र नहीं आते। हमें लगता है कि वे खुद आकर हमें अपनी समस्याएँ बताएँगे।

लेकिन ऐसा हमेशा नहीं होता। कई बार, वे इतने टूट चुके होते हैं कि उनके पास अपनी पीड़ा व्यक्त करने की भी शक्ति नहीं रहती। आपके अपने होने का असली मतलब तब ही है, जब आप बिना कहे ही उनके दुःख को समझ सकें। उनके साथ खड़े हो सकें, बिना उनके कहे ही उनकी मदद कर सकें। अपनेपन का असली अर्थ यही है।

मानवीय संवेदनाएँ और रिश्ते हमारे जीवन का मूल आधार हैं। यह सही है कि आज हम डिजिटल दुनिया में जी रहे हैं, लेकिन इस डिजिटल युग ने हमें कहीं न कहीं असली दुनिया से दूर कर दिया है। इसने अपनी तरह हमें भी नकली बना दिया है। हम अपने मोबाइल फोन इतने मशगूल हो गए हैं कि हमारे आसपास क्या हो रहा है, इसकी खबर तक भी हमें नहीं होती।

हमारे जीवन की यह विडंबना हमें सोचने पर मजबूर करती है कि आखिर हम किस दिशा में जा रहे हैं। हमारे जीवन का उद्देश्य सिर्फ पैसे कमाना या सफलता प्राप्त करना नहीं है। हमें यह समझना होगा कि हमारी व्यस्तता हमारी प्राथमिकताओं का परिणाम है। यदि हम वास्तव में चाहें न, तो अपने परिवार और दोस्तों के लिए समय निकाल सकते हैं। बशर्ते, इस काम में हमारा रुझान हो, क्योंकि कोई कितना ही व्यस्त क्यों न हो, अपने पसंद के काम के लिए दिन भर के समय में से थोड़ा-सा समय तो चुरा ही लेता है। हमें अपने प्रियजनों की भावनाओं को समझने की जरूरत है। इससे पहले कि बहुत देर हो जाए, और हमारे अपने हमसे हमेशा के लिए दूर हो जाएँ, अब भी समय है, संभल जाइए और संभाल लीजिए उन्हें, जिन्हें आपकी सबसे अधिक जरुरत है।

हमें चाहिए कि हम अपने प्रियजनों के साथ खूब नहीं, थोड़ा बहुत ही सही, लेकिन समय बिताएँ, उनकी समस्याओं को समझें और उनका उचित समाधान देने की कोशिश करें। हमें चाहिए कि हमारे होते हुए हमारा कोई भी अपना खुद को अकेला न समझे। हमें यह याद रखना चाहिए कि असली खुशी और संतुष्टि वही है, जहाँ दिलों का मेल है, न कि सिर्फ टेक्नोलॉजी का। इसलिए, अपने जीते-जी अपने दिलों को इंसानी बनाए रखें, अपने रिश्तों की कीमत समझें, उन्हें सहेजकर रखने की ललक अपने भीतर बनाए रखें, अपनों की कीमत समझें, और अपने परिवार व दोस्तों के साथ समय बिताएँ। यही सच्ची तरक्की होगी।

शिक्षित किसान, उन्नत देश

06

शिक्षित किसान, उन्नत देश

प्राचीन काल से ही भारत एक कृषि प्रधान देश रहा है, और कृषि हमेशा से ही हमारी अर्थव्यवस्था की रीढ़ बनी हुई है। आज भी देश की जीडीपी में लगभग 22% हिस्सा कृषि से आता है। लेकिन, जिस कृषि क्षेत्र ने देश को पहचान दी, वही दशकों से गंभीर संकटों का सामना कर रहा है। यह क्षेत्र जलवायु परिवर्तन, प्राकृतिक आपदा, शासन और प्रशासन की उदासीनता, गलत कानून और नीतियों, गिरती पैदावार और किसानों की आत्महत्या जैसे गंभीर संकटों से त्रस्त है। लेकिन, सवाल यह है कि इन समस्याओं का कारण क्या है? क्या आपने कभी इस पर विचार किया है? इन सभी समस्याओं का मुख्य कारण है शिक्षा और जागरूकता की कमी। जी हाँ! समस्याएँ चाहे कितनी भी विस्तृत हों, लेकिन इनका मूल कारण एक ही है, हमारे किसानों में शिक्षा और जागरूकता की कमी।

एक समय था, जब कृषि को अनपढ़ या ग्रामीण लोगों का पेशा माना जाता था, लेकिन समय बदला तो खेती करने के तरीकों में भी बदलाव आया। पहले जहाँ थोड़ी बहुत देखरेख से ही फसल लहलहा उठती थी, वहीं आज बदलती जलवायु और माँग के साथ कृषि एक उन्नत क्षेत्र बन गया है। लेकिन, हमारे अधिकतर किसान आज भी पुराने तरीकों से ही खेती कर रहे हैं। उन्हें आज भी खेती के वैज्ञानिक तरीकों, सरकार की नीतियों और फसलों की माँग, जैसे विषयों की जानकारी नहीं है। ये लोग पुराने तरीकों से ही खेती कर रहे हैं, जो तेजी से बदलते युग के लिए पर्याप्त नहीं है। इसका नतीजा यह है कि कठिन परिश्रम के बावजूद किसान अपनी खेती से उचित लाभ नहीं उठा पा रहे हैं। शिक्षा की कमी उनके विकास में बाधा बन रही है, जिससे देश की अर्थव्यवस्था पर भी असर पड़ रहा है।

देश-प्रदेश की सरकारें बड़ी-बड़ी योजनाएँ पेश करके इस समस्या का समाधान खोज रही हैं। लेकिन, जब समस्या निचले स्तर पर है, तो बेशक इसका समाधान किसी मंत्रालय में बैठ कर दो-चार योजनाएँ लागु करने से नहीं हो सकता। इसके लिए सिर्फ एक ही तरीका कारगर साबित हो सकता है, वह है शिक्षा और जागरूकता का विस्तार। मानता हूँ कि देश की करीब 48 प्रतिशत जनता जो कृषि पर निर्भर है, इन्हें तकनीकी रूप से खेती सिखाना कोई आसान काम नहीं है। जमीनी स्तर पर देखा जाए, तो यह संभव भी नहीं है, क्योंकि 48 प्रतिशत इस जनता में से कई के पास शायद आधारभूत शिक्षा भी नहीं होगी।

फिर उन्हें वैज्ञानिक तरीके से खेती सिखाना तो आसमान से तारे तोड़ने जैसा ही होगा। लेकिन, इस समस्या के समाधान के लिए कुछ उपायों को अपनाया जा सकता है, जैसे- स्कूलों में जिस तरह गायन, नृत्य या अन्य कलाएँ सिखाई जाती हैं, उसी तरह स्कूली स्तर से ही बच्चों को कृषि या बागवानी की प्रारंभिक जानकारी दी जा सकती है, जिससे छात्रों का रुझान इस क्षेत्र में भी बढ़ सकेगा। फिर चाहे वे खुद खेती करें या उनके आस-पास कोई और करे, उनकी शिक्षा इसमें मददगार साबित हो सकती है। कई देशों में तो यह तरीका अपनाया भी जा रहा है। हर गाँव के हर घर में कम से कम एक व्यक्ति कृषि में शिक्षित हो, ताकि वह अपने घर और गाँव में कृषि को उन्नत बना सके। इस तरीके को व्यवस्थित रूप से लागू करने के लिए राज्य सरकारें योजनाएँ ला सकती हैं। सरकार द्वारा हर गाँव में 'कृषि मित्र' जैसे किसी पद का निर्माण कर नियुक्ति भी की जा सकती है, जो किसानों को कृषि से जुड़ी सभी प्रकार की जानकारी दे सकें, चाहे वह सरकारी योजनाएँ हों, कृषि से जुड़ी नई तकनीक हो, या फिर कृषि करने के नए तौर-तरीके। वैज्ञानिक अनुसंधान का किसानों से सीधा सरोकार होना चाहिए, जिससे गाँव के स्तर पर छोटे से छोटे किसान को भी वैज्ञानिक परामर्श उपलब्ध हो सके। इस तरह और भी उपायों को अपनाया जा सकता है।

यदि इन उपायों को अपनाया जाए तो, प्रधानमंत्री के 'आत्मनिर्भर भारत मिशन' में कृषि का क्षेत्र एक महत्वपूर्ण भूमिका निभा सकता है। जब कृषि में अच्छी कमाई हो सकेगी, तो यह गाँव से शहरों की ओर हो रहे पलायन को भी रोक सकती है। उन्नत पैदावार होगी, तो फसलों की गुणवत्ता में भी सुधार आएगा। एक पुरानी कहावत है "जैसा अन्न, वैसा मन", जब अन्न की गुणवत्ता बढ़ेगी तो बेशक ही स्वास्थ्य में भी सुधार होगा। हम कुपोषण और भुखमरी जैसी समस्याओं से निजात पा सकेंगे।

यह तो हो गई सामाजिक सुधार की बात, लेकिन राष्ट्रीय स्तर पर भी देखा जाए तो देश की जनसँख्या जिस तेजी से बढ़ रही है, उसी तेजी से खाद्य सुरक्षा सुनिश्चित करने की भी जरुरत है। कृषि में सुधार आने से हम अभी से इसके लिए तैयार हो सकेंगे। जलवायु परिवर्तन, रासायनिक कीटनाशकों से बंजर होती भूमि, मृदा का कटाव आज के समय में एक वैश्विक समस्या है, जिसका सीधा प्रभाव हमारी पैदावार पर पड़ रहा है। किसानों को वैज्ञानिक रूप से इसकी जानकारी मिल पाने से वह इस समस्या से निजात पा सकेंगे और पर्यावरण के कारण हो रहे नुकसान से बच सकेंगे, जिससे फसलों की बर्बादी को रोका जा सकेगा।

किसान आधुनिक तकनीकों से परिचित हो सकेंगे, जिसमें सटीक खेती, रिमोट सेंसिंग, ड्रोन आधारित समाधान शामिल किए जा सकते हैं। तकनीकी जानकारी होने से वे कम मेहनत में अधिक लाभ कामने और समग्र दक्षता में सुधार करने के लिए टेक्नोलॉजी का उपयोग कर सकेंगे, जिससे उनकी आय में वृद्धि होगी।

किसान आधुनिक तकनीकों से परिचित हो सकेंगे, जिसमें सटीक खेती, रिमोट सेंसिंग, ड्रोन आधारित समाधान शामिल किए जा सकते हैं। तकनीकी जानकारी होने से वे कम मेहनत में अधिक लाभ कामने और समग्र दक्षता में सुधार करने के लिए टेक्नोलॉजी का उपयोग कर सकेंगे, जिससे उनकी आय में वृद्धि होगी।

वैश्वीकरण के साथ, कृषि वैश्विक बाजार में एक प्रतिस्पर्धी क्षेत्र बन गया है। कृषि में व्यवस्थित शिक्षा प्राप्त व्यक्ति की मदद से किसानों को अंतर्राष्ट्रीय बाजार के रुझान, गुणवत्ता मानकों और निर्यात अवसरों के बारे में पता लगता रहेगा। यह उन्हें वैश्विक मानकों के अनुसार उत्पादन करने में सक्षम बनाएगा, जो वैश्विक कृषि बाजार में भारत की प्रतिस्पर्धात्मकता में योगदान देगा।

कृषि शिक्षा को बढ़ावा देकर, भारत अपने कृषि क्षेत्र की पूरी क्षमता का उपयोग कर सकता है, किसानों की आजीविका में सुधार कर सकता है, खाद्य सुरक्षा सुनिश्चित कर सकता है, स्थिरता को बढ़ावा दे सकता है और देश की समग्र वृद्धि और विकास में योगदान दे सकता है। जब किसानों को कृषि से संबंधित हर प्रकार की जानकारी होगी, तभी वे सफल रूप से फसल उत्पादन कर पाएँगे, जिससे निश्चित ही देश की अर्थव्यवस्था में सुधार होगा।

भारत में कृषि को पुनः सशक्त बनाने के लिए किसानों की शिक्षा और जागरूकता पर ध्यान देना अत्यंत आवश्यक है। इससे न सिर्फ उनकी आर्थिक स्थिति मजबूत होगी, बल्कि भारत एक उन्नत और आत्मनिर्भर कृषि राष्ट्र के रूप में भी उभर सकेगा।

शिक्षा है या नोट छापने की मशीन....

07

शिक्षा है या नोट छापने की मशीन....

एक समय था जब शिक्षा को समाज में बदलाव और विकास का मुख्य साधन माना जाता था। शिक्षक को एक मार्गदर्शक, गुरु और प्रेरक के रूप में देखा जाता था, जो विद्यार्थियों को न केवल अकादमिक ज्ञान, बल्कि जीवन मूल्य भी सिखवाते थे। यह वह समय था जब शिक्षक जीवन जीने के अनोखे गुण सिखवाते थे और शिक्षा पूरी होने पर गुरु दीक्षा लेते थे। गुरु दीक्षा भी ऐसी, जो जीवन के कई रहस्य खोलती थी। तब शिक्षकों के मन में केवल अपने छात्रों को, उनकी क्षमता को पहचानकर उसे निखारने की लालसा रहती थी। लेकिन, समय बदला तो शिक्षक गुरु दीक्षा की जगह छोटी-मोटी राशी फीस के रूप में लेने लगे, इसके बावजूद भी शिक्षा का स्तर ठोस था। परंतु आज की शिक्षा व्यवस्था में एक बड़ा परिवर्तन आ गया है। शिक्षा अब एक सामाजिक कारण से अधिक एक आर्थिक लाभ का साधन बन गई है। यह परिवर्तन न केवल शिक्षा की गुणवत्ता को प्रभावित कर रहा है, बल्कि विद्यार्थियों के भविष्य को भी अनिश्चित बना रहा है।

पिछले कुछ दशकों में, शिक्षा के क्षेत्र में निजीकरण और व्यावसायीकरण ने तेजी से बढ़ोतरी की है। निजी स्कूलों और कॉलेजों की संख्या में वृद्धि हुई है, और साथ ही उनकी फीस भी आसमान छू रही है। अच्छी शिक्षा पाने के लिए विद्यार्थियों और उनके माता-पिता को भारी-भरकम फीस चुकानी पड़ती है। इस बीच, शिक्षा संस्थानों का मुख्य उद्देश्य सिर्फ मुनाफा कमाना बन गया है, न कि विद्यार्थियों को मूल्य आधारित शिक्षा प्रदान करना। अब बच्चे रोज कक्षा में आएँ या न आएँ, उन्हें पढ़ाया हुआ समझ आया हो या न आया हो, बस जैसे-तैसे नाम का पढ़ा दिया और काम पूरा हो गया, लेकिन फीस समय पर आनी चाहिए। बस इस ही सोच के साथ आज-कल के स्कूल, कॉलेज और बड़े-बड़े कोचिंग संस्थान चल रहे हैं। नतीजा यह है कि अब शिक्षा पहले जैसी नहीं रही। शिक्षा का व्यवसाय इतना बड़ा बन चुका है कि इसमें शिक्षा का मूल उद्देश्य कहीं खो सा गया है। हालत यह है कि विद्यार्थियों में अब व्यावहारिक ज्ञान और नैतिक शिक्षा तो न के बराबर हो ही गई है, और तो और किताबी ज्ञान भी ठोस नहीं है। साथ ही शिक्षण संस्थान भी अपनी गरिमा खो चुके हैं। कभी ये शिक्षण संस्थान विद्या का मंदिर हुआ करते थे, लेकिन आज नोट छापने का नया साधन बन चुके हैं। शिक्षा का बाजार कितना बड़ा हो चुका है, इस बात का अनुमान आज-कल शिक्षा का हब कहे जाने वाले शहरों में लगा सकते हैं।

छोटे-छोटे शहरों के बच्चे जब अपना शहर, घर, परिवार एवं दोस्त सब छोड़कर अपने सपने पूरे करने के लिए यहाँ पढ़ने आते हैं, तो उन्हें कदम-कदम पर पैसे की महत्ता का अहसास होता है। वहाँ ये बच्चे बड़ी मेहनत से कुछ बनने आते हैं, लेकिन इस शहरों में पैसों का एक अलग ही खेल चल रहा होता है। कोचिंग की महँगी-महँगी फीस से लेकर होस्टल और कमरों के किराए तक हर किसी के लिए ये बच्चे केवल पैसे कमाने का एक जरिया बन जाते हैं। इन बच्चों से जो जितना पैसा वसूल सकता है, वसूलता चला जाता है। कोई नहीं सोचता कि वे भी तो किसी के बच्चे हैं, जो कितना संघर्ष करके अपने घर से दूर रहकर पढ़ रहे हैं। उनके माता पिता ने भी तो अपनी जीवन भर की पूँजी अपने बच्चे की पढ़ाई के लिए लगा दी होगी, जिससे हर कोई अपनी जेब भर रहा है। और जो इतना पैसा शिक्षा में नहीं लगा सकता, वह शिक्षा से वंछित रह जाता है। इससे समाज में असमानता बढ़ रही है और अब शिक्षा केवल अमीरों के बस की ही बात रह गई है।

इस समस्या का समाधान यही है कि शिक्षा संस्थानों को उनके मूल उद्देश्य की ओर वापस लाया जाए। इसके लिए सरकार और समाज दोनों को मिलकर प्रयास करने होंगे। शिक्षा को पैसे कमाने का साधन बनाने वाले संस्थानों को यह समझना होगा कि किसी को शिक्षित करना केवल एक व्यवसाय नहीं है, बल्कि यह तो एक सामाजिक कर्तव्य है, जिसे उन्हें पूरी ईमानदारी और निष्ठा से निभाना चाहिए। शिक्षण संस्थानों और शिक्षा से जुड़े अन्य व्यवसायों को यह समझना होगा कि एक बच्चे के पढ़ने से न केवल उसका जीवन संवरता है, बल्कि राष्ट्र का निर्माण भी होता है। इसलिए शिक्षा को व्यवसाय न बनाकर इसे एक सामजिक कर्तव्य की तरह देखना जरुरी है, ताकि हर बच्चा पढ़ सके।

शिक्षा का व्यावसायीकरण एक गंभीर समस्या है, जो हमारे समाज और भविष्य को प्रभावित कर रही है। शिक्षा को फिर से एक सामाजिक कारण के रूप में स्थापित करने की आवश्यकता है, ताकि हम एक बेहतर और अधिक समावेशी समाज का निर्माण कर सकें। विद्यार्थियों को केवल अकादमिक ज्ञान नहीं, बल्कि जीवन के हर पहलू का ज्ञान मिलना चाहिए। यही सच्ची शिक्षा है और यही हमारे समाज की सच्ची प्रगति का मार्ग है। इस यात्रा में, हमें यह याद रखना चाहिए कि शिक्षा केवल एक व्यवसाय नहीं है, बल्कि यह समाज के निर्माण का एक महत्वपूर्ण साधन भी है। यदि हम इसे व्यावसायिक लाभ के लिए इस्तेमाल करते हैं, तो हम अपनी भविष्य की पीढ़ियों के साथ अन्याय कर रहे हैं। शिक्षा का उद्देश्य समाज को सशक्त बनाना है, और इसे उसी दिशा में पुनः स्थापित करना ही हमारी प्राथमिकता होनी चाहिए।

बच्चों को दें कोई हुनर,
ताकि वो बन पाएँ अपनी जिंदगी के विनर..

08

बच्चों को दें कोई हुनर, ताकि वो बन पाएँ अपनी जिंदगी के विनर..

पिछले दिनों एक वीडियो देखने में आया, जहाँ महज़ ढाई-तीन साल का एक कोरियन बच्चा अपने अन्य दोस्तों के साथ अपनी कक्षा में बड़ी ही सावधानी और सफाई के खाना पकाना सीख रहा था। उन बच्चों को देखकर बड़ा अच्छा लगा। साथ ही, इतने छोटे बच्चों को खाना पकाते देख थोड़ा आश्चर्य भी हुआ, क्योंकि हमारे यहाँ तो ढाई-तीन साल की उम्र में बच्चे ठीक से बोलना तक नहीं सीख पाते हैं। ऊपर से उन बच्चों को यह उनके स्कूल में सिखाया जा रहा था, यह देख कर तो और हैरानी हुई, क्योंकि हमारे यहाँ तो इतने छोटे बच्चों को ठीक से उठाना-बैठना तक नहीं आता। और तो और हमारे लिए खाना पकाना आना इतना जरुरी भी नहीं कि इसे स्कूल में सिखाया जाए। हमें तो हमारे बच्चों को केवल डिग्री होल्डर बनाना है, जहाँ वो सिर्फ किताबी ज्ञान रटकर फर्स्ट डिविजन में पास हो जाएँ। हम स्कूलों और घर में भी हमारे बच्चों केवल रट्टू तोता बनाने के लिए लगे हुए हैं। जीवन में उन्हें सफल बनाने के लिए क्या इतना करना ही काफी होगा?

जहाँ दुनिया इतनी तेजी से आगे बढ़ रही है और पढ़ाई के अलावा भी कमाई के कई तरीके हैं, वहाँ केवल किताबी ज्ञान दे देने से हमारा काम पूरा नहीं हो जाएगा, बल्कि अपने बच्चे को सफल बनाने के लिए जरुरी है कि उसे पढ़ाई के साथ-साथ एक हुनर भी सिखाया जाए, जो उसे अपना करियर बनाने में मदद कर सके। फिर चाहे वह कोई खेल हो या कोई कला, यह एक हुनर आपके बच्चे के व्यक्तित्व को एक नई पहचान देने में मददगार हो सकता है। साथ ही, यही हुनर उसका मुसीबत का साथी भी बन सकता है। जहाँ उसका किताबी ज्ञान या डिग्री काम नहीं आएगी, वहाँ यही हुनर उसकी कमाई का साधन बन सकता है।

इसकी शुरुआत घर और स्कूल दोनों से करनी होगी। स्कूल में पढ़ाई के साथ-साथ खेल, साहित्य, कला जैसे विषयों को भी बराबरी के साथ पढ़ाया जाए। घर में बच्चों को अपनी क्षेत्रीय बोली, कला और संस्कृति सिखाई जाए, जिससे वो खास हुनर सीख पाएँगे, साथ ही इस तरह हम अपनी विरासत भी अपनी अगली पीढ़ी तक पहुँचा पाएँगे।

कहा जाता है कि 90% दिमाग का विकास पाँच साल की उम्र तक हो जाता है, इसलिए जरुरी है कि कोई भी नई चीज़ की शुरुआत इस उम्र के पहले ही कर दी जाए। जहाँ दो-ढाई साल के बच्चे को हम मोबाइल पकड़ा कर अपनी जिम्मेदारी से पल्ला झाड़ लेते हैं, इसके बजाए खेल-खेल में, कहानी-किस्सों के रूप में उन्हें नई चीजों से अवगत कराएँ।

अब सवाल यह उठता है कि एक छोटे-से बच्चे को आखिर क्या-क्या सिखाया जाए, तो इसका हल भी है मेरे पास। आप उसके द्वारा की जाने वाली गतिविधियों पर नज़र रखिए, वह क्या काम करना पसंद करता है, जैसे कि क्या उसे गुनगुनाने की आदत है? या फिर डंडी जैसी कोई भी वस्तु मिलने पर वह उसे ढोल बजाने वाली डंडी की तरह इस्तेमाल करने लगता है.. पानी वाली किसी भी जगह जाने पर काफी खुश हो जाता है, या फिर गाना सुनते ही थिरकने लग जाता है.. अर्थात् बच्चे की रूचि का पता आप उसकी पसंद-नापसंद से लगा सकते हैं, बस उसकी उस रूचि को ही उसका कौशल बनाने में उसका साथ दें। क्या पता आज जो बच्चा पढ़ाई में कमजोर हो, वह किसी दिन अपने पसंदीदा खेल आदि में कोई रिकॉर्ड बना जाए। अभिभावक होने के नाते हम भी तो बस इतना ही चाहते हैं कि तेजी से भागती इस दुनिया में हमारा बच्चा सफल रहे, इसलिए जरुरी है कि पढ़ाई के साथ-साथ उसे कोई हुनर भी दें और इसकी शुरुआत बचपन से ही की जाए.....

जीवन के बोझ तले,
कैसे पनपेंगे ये नौनिहाल??

09

जीवन के बोझ तले, कैसे पनपेंगे ये नौनिहाल??

अक्सर बीच-बाजार में या रास्तों में, चाय की टपरी या होटलों में हमें कुछ बच्चे नजर आते हैं। इनकी आँखें सितारों जैसी होती हैं, लेकिन उन आँखों की चमक को जीवन की कड़वी वास्तविकता ने धुँधला कर दिया है। यह कोई किताबी बातें नहीं, बल्कि गरीबी में पैदा हुए अनगिनत बच्चों का रोज़मर्रा का सच है। हर दिन उनके लिए एक संघर्ष है, एक ऐसा संघर्ष जो उन्होंने नहीं चुना, बल्कि उन्हें सहना पड़ रहा है। स्कूल जाने के बजाए वे काम करने को मजबूर हैं।

याद है वह छोटा-सा लड़का, सिर्फ 7 या 8 साल का, जो हाल ही में आपने ढाबे पर देखा था, जो दौड़-दौड़ कर सब काम कर रहा था। हो सकता है वह छोटू अपने पूरे परिवार का एकमात्र कमाने वाला सदस्य हो। ऐसे छोटू हमे अक्सर देखने को मिल जाते हैं। कई बार आप उसके काम के प्रति निष्ठा से प्रभावित हो सकते हैं, शायद उसकी दुर्दशा पर आपको दया भी आ जाए। हो सकता है कि आपने दया भाव में उसे उदारता से 100-50 रुपए की टिप भी दी हो, यह सोचकर कि इससे उसका कुछ भला हो जाएगा। लेकिन, क्या वास्तव में उसके लिए कुछ बदला होगा? आपकी उस छोटी-सी दया से, क्या उसकी दुनिया बदल गई होगी?

सच्चाई यह है कि नहीं..। वह बच्चा, जिसे अपने बचपन का आनंद लेना चाहिए, वह एक अनवरत श्रम के चक्र में फंसा हुआ है और अपने परिवार को सहारा देने के लिए निरंतर प्रयास कर रहा है। वह दिन-रात काम करता है और उसकी उम्र से कहीं अधिक जिम्मेदारियों का भार उठाता है।

उसे एक नायक के रूप में देखना आसान है, उसकी मेहनत से प्रभावित होना स्वाभाविक है। लेकिन, उस बहादुरी के नीचे एक दिल तोड़ने वाली वास्तविकता यह है कि वह एक बच्चा है, जिसने अपना बचपन खो दिया है। जब अन्य बच्चे खेलते और सीखते हैं, वह जिम्मेदारियों से जूझ रहा होता है। हम कह सकते हैं कि उसे स्कूल में होना चाहिए, काम पर नहीं। लेकिन, बिना उसके संघर्षों को जाने हम कैसे उसे या उसके परिवार के लिए कोई निर्णय ले सकते हैं? हाँ, हर बच्चे को स्कूल में होना चाहिए।

लेकिन, उसके जैसे कई बच्चों के लिए, जीवन ने उन्हें वह मौका नहीं दिया है। यह उसकी गलती नहीं है; यह गरीबी की मजबूर परिस्थितियाँ हैं। शिक्षा से अधिक महत्वपूर्ण उनके लिए जीवन की बुनियादी जरूरतें हैं। आखिरकार, आप स्कूल तभी जा सकते हैं, जब आप जीवित हों और जब आपको खाने के लिए दो वक्त का खाना मिल सके।

समाज के रूप में, हमें इस कठोर वास्तविकता का सामना करना होगा कि गरीबी के कारण देश के हजारों बच्चे बहुत छोटी उम्र में ही कमाई करने को मजबूर हो जाते हैं। इसका अनुमान इस बात से लगाया जा सकता है कि 2011 की जनगणना के अनुसार, 5-14 आयु वर्ग के लगभग 10 लाख बच्चे बाल श्रम में लगे हुए थे, जो कुल बाल जनसंख्या का लगभग 3.9% है। इन बच्चों को इससे निकालने के लिए हम सभी को सामूहिक जिम्मेदारी लेनी होगी। इसके लिए जरुरी है कि हम इन बच्चों को अपना समर्थन दें, और उन्हें शिक्षा और एक बेहतर भविष्य की ओर ले जाने के लिए एक मार्ग प्रदान करें। सोचिए कैसा होगा जब ढाबे का वह छोटू सिर्फ एक याद, या फिर एक दया का पात्र नहीं, बल्कि बदलाव का प्रतीक बन जाए। उसके कंधों पर जिम्मेदारियाँ नहीं, बल्कि स्कूल बैग हो, उसके चेहरे पर सीखने की खुशी हो, उसकी आँखें भविष्य के सपनों से जगमगा रही हों। यह परिवर्तन संभव है, लेकिन इसके लिए हम सभी को मिलकर प्रयास करने होंगे। हमें इन बच्चों को श्रम से शिक्षा की ओर, और जीवन की कठिनाइयों से शिक्षा की स्वतंत्रता की ओर ले जाने के लिए रास्ते बनाने होंगे।

इसके लिए बाल श्रम को लक्षित करने वाले कार्यक्रम प्रभावी और व्यापक होने चाहिए। सरकार, गैर-सरकारी संगठन (एनजीओ) और समाज को मिलकर काम करना चाहिए, ताकि इन बच्चों की पहचान हो सके और उन्हें आवश्यक सहायता प्रदान की जा सके। छात्रवृत्तियाँ, निःशुल्क शिक्षा और व्यावसायिक प्रशिक्षण उन दरवाजों को खोल सकते हैं, जो लंबे समय से उनके लिए बंद हैं। इसके अलावा, माता-पिता को शिक्षा के महत्व और इसके दीर्घकालिक लाभों के बारे में जागरूक करना भी उनकी मानसिकता को बदलने में मदद कर सकता है। हालाँकि, केवल सरकार या संगठनों के प्रयास ही काफी नहीं हैं। इसके लिए हम में से हर एक को आगे आना होगा। अगली बार जब आप किसी बाल श्रमिक से मिलें, तो सहानुभूति और कुछ पैसे देने से आगे का सोचें। ऐसी नीतियों को उन बच्चों तक पहुँचाने का प्रयास करें, जो बाल श्रम को समाप्त करने के लिए बनाई गई हैं। यदि संभव हो तो किसी एक बच्चे की शिक्षा का जिम्मा भी लें। इन छोटे-छोटे कदमों से ही बड़ा परिवर्तन संभव हो सकता है।

ढाबे के छोटू की कहानी अनोखी नहीं है; यह भारत भर में लाखों बच्चों की कहानी है। वे जीवन के संघर्षों में कहीं खो गए हैं, फिर भी उनकी दृढ़ता बहुत कुछ कहती है। उन्हें शिक्षा का अधिकार देकर, हम न केवल उनके जीवन को बदल सकते हैं, बल्कि अपने राष्ट्र का भविष्य उज्जवल भी बना सकते हैं। ये बच्चे हमारी सामूहिक जिम्मेदारी हैं, और शिक्षा का उनका अधिकार है।

इसके लिए अस्थायी सहायता की क्षणिक संतुष्टि से संतुष्ट न होकर, स्थायी बदलाव लाने के लिए प्रयास करें, जहाँ हर बच्चा, चाहे उसकी सामाजिक-आर्थिक पृष्ठभूमि कोई भी हो, सीखने, बढ़ने और चमकने का अवसर पाए। सितारों जैसी आँखें ज्ञान और आशा की रोशनी से चमकने की हकदार हैं, कठिनाइयों की छाया से नहीं।

एक साथ मिलकर, हम उनकी कहानी बदल सकते हैं। इन नौनिहालों को अंधेरे से उठाकर और शिक्षा की रोशनी में लाकर, हम यह सुनिश्चित कर सकते हैं कि उनकी आँखें आशा, सपनों और अनंत संभावनाओं की चमक से जगमगाएँ। आइए हम यह प्रण लें कि उनकी मौन पीड़ाओं को जीत की गाथा में बदलने के लिए हम अपना पूरा प्रयास करेंगे।

गलत सीख देती किताबों का जिम्मेदार कौन?

10

गलत सीख देती किताबों का जिम्मेदार कौन?

कहते हैं किताबें हमारे जीवन की सबसे अच्छी साथी होती हैं। जब भी हमें उनकी आवश्यकता होती है, वे हमारे लिए उपलब्ध होती हैं। किताबें हमारे आसपास की दुनिया को समझने, सही और गलत के बीच निर्णय लेने में हमारी मदद करती हैं। वे हमारे आदर्श, मार्गदर्शक या सर्वकालिक शिक्षक के रूप में भी हमारे जीवन में शामिल होती हैं। कुछ भी सीखने का सबसे विश्वसनीय स्थान किताबें ही होती हैं, लेकिन क्या हो, यदि ये किताबें ही हमें कोई गलत चीज़ सिखाने लगें तो? ये कितना बड़ा नुकसान कर सकती हैं, क्या हमने कभी इस बारे में सोचा है?

सोशल मीडिया के इस दौर में आज की पीढ़ी किताबों से पहले ही दूर हो चुकी है। इन्हें किताबों के पास रखने का एक ही तरीका है, वह है इनकी स्कूल, कॉलेज की किताबें। लेकिन, समस्या यह है कि इन किताबों में भाषा की, तथ्यों की और जानकारी की ढेर सारी गलतियाँ हैं। ऊपर से हमारे शिक्षक भी इतने जानकार या इस समस्या को लेकर इतने जागरूक नहीं हैं कि इन गलतियों को पकड़ कर इनके सुधार के लिए कोई कदम उठाएँ। नतीजन, हमारी नई पीढ़ी किताबों से कुछ अच्छा सीखने के बजाए गलत सीख ले रही है।

मेरे देखने में आया है कि हमारी पाठ्यपुस्तकों में सबसे ज्यादा गलतियाँ भाषा की होती हैं, वह भी मातृभाषा हिंदी की किताबों में ये सबसे ज्यादा हैं। एक तरफ तो हम हिंदी को मातृभाषा कहते हैं, वहीं दूसरी तरफ हमारी नई पीढ़ी को इस भाषा का सही ज्ञान तक नहीं दे पा रहे हैं। विडंबना यह है कि कई हिंदी पढ़ाने वाले शिक्षकों को भी इस भाषा का सही ज्ञान नहीं है। नतीजन, वे किताबों की इन गलतियों को न तो पकड़ पाते हैं और न ही इसमें सुधार कर पाते हैं और हमारी नई पीढ़ी गलत ज्ञान लेकर ही आगे बढ़ रही है। यही हाल अन्य विषयों में भी है।

उदाहरण की बात करूँ, तो हमारे देश में एनसीईआरटी की किताबों को सबसे विश्वसनीय सोर्स माना जाता है। इनकी विश्वसनीयता का पता इस बात से लगाया जा सकता है कि देश की सबसे कठिन परीक्षा, जिसे हम यूपीएससी के नाम से भी जानते हैं, के लिए भी एनसीईआरटी की किताबों पर विश्वास जताया जाता है।

इन किताबों से ही ज्ञान लेकर देश को उच्च अधिकारी मिलते हैं, लेकिन ये किताबें भी गलतियों से भरी पड़ी हैं। एनसीईआरटी की किताबों में आपको भाषा से लेकर तथ्यों और भ्रामक जानकारियों तक की हजारों गलतियाँ मिल जाएँगी। इसके बावजूद इन किताबों से देश के अधिकतम स्कूलों में पढ़ाया जा रहा है। क्या यह हमारी आने वाली पीढ़ी के साथ हम गलत नहीं कर रहे हैं?

एक समय अपने ज्ञान के कारण विश्वगुरु के नाम से पहचाने जाने वाले इस देश में आज दशा यह है कि हम आने वाली पीढ़ी को सही आधारभूत ज्ञान तक नहीं दे पा रहे हैं। क्या यह हमारे भविष्य के साथ खिलवाड़ नहीं है? जरा सोचिए इस नुकसान का जिम्मेदार आखिर कौन है?

क्वालीफाईड होने में पीछे रह गई एजुकेशन

11

क्वालीफाईड होने में पीछे रह गई एजुकेशन

डॉ. ए.पी.जे. अब्दुल कलाम ने कहा था, "शिक्षा का वास्तविक उद्देश्य केवल डिग्री प्राप्त करना नहीं है, बल्कि इसे समाज के हित में उपयोग करना चाहिए।" लेकिन, समय के साथ यह धारणा धुँधली होती जा रही है। हम एक ऐसे दौर में जी रहे हैं, जहाँ डिग्री को योग्यता का प्रमाण माना जाता है, लेकिन उस डिग्री के पीछे वास्तविक शिक्षा और ज्ञान का कितना योगदान है, यह एक गंभीर सवाल बन गया है। डिग्री का महत्व यह है कि वह किसी व्यक्ति की योग्यता का प्रमाण पत्र होती है। लेकिन, जब यह प्रमाण पत्र केवल नाम का रह जाए और इसके पीछे कोई ठोस ज्ञान न हो, तो इसका वास्तविक मूल्य क्या रह जाता है?

आज के समय में योग्यता और शिक्षा के बीच की खाई इतनी गहरी हो गई है कि इसे पाटना मुश्किल होता जा रहा है। हर साल लाखों छात्र ग्रेजुएट हो रहे हैं, लेकिन लाखों छात्रों के ग्रेजुएट होने का मतलब यह नहीं कि वे अपनी डिग्री के अनुसार शिक्षित भी हो रहे हैं। इनमें से केवल कुछ प्रतिशत ही ऐसे होंगे, जो सच में कुछ सीखकर निकले होंगे। इसका कारण यह है कि आज के युवाओं में डिग्री लेने की इच्छा तो है, लेकिन वास्तविक ज्ञान प्राप्त करने की नहीं। या यूँ कहें कि हमारे युवा डिग्री लेकर क्वालीफाई तो हो रहे हैं, लेकिन वास्तव में एजुकेट नहीं हो रहे हैं।

अब आप कहेंगे कि क्वालीफिकेशन और एजुकेशन दोनों एक ही बात है, तो मैं आपको बता दूँ यह दो अलग-अलग चीजें हैं, जिन्हें हम अक्सर एक समझने की भूल कर देते हैं। क्वालीफिकेशन और एजुकेशन के अंतर को समझना बेहद जरूरी है। क्वालीफिकेशन का मतलब है, किसी व्यक्ति का औपचारिक रूप से किसी खास काम के लिए योग्य होना, जिसे आमतौर पर डिग्री, सर्टिफिकेट या डिप्लोमा के रूप में पहचाना जाता है। दूसरी ओर, शिक्षा का मतलब है, वास्तविक ज्ञान और कौशल का विकास, जो न केवल किताबी ज्ञान से, बल्कि अनुभव, विश्लेषण और तार्किक सोच से आता है।

आजकल अक्सर यह देखने में आता है कि युवाओं का मुख्य लक्ष्य केवल डिग्री प्राप्त करना हो गया है।

उनका ध्यान सिर्फ इस बात पर होता है कि किस तरह जल्द से जल्द कोर्स को पूरा कर लिया जाए, एक अच्छी सी डिग्री हासिल की जाए और उस डिग्री के आधार पर एक बढ़िया-सी नौकरी मिल जाए। इस चक्कर में वे न तो उस कोर्स की गहराई में जाते हैं, न ही उस विषय के बारे में कुछ सीखते हैं। यह स्थिति तब और भी गंभीर हो जाती है, जब ऐसे लोग उच्च पदों पर पहुँच जाते हैं। बिना किसी वास्तविक ज्ञान और अनुभव के, वे उस पद की जिम्मेदारियों को सही तरीके से निभा नहीं पाते। इसका असर न केवल उनके काम पर, बल्कि उस संगठन पर भी पड़ता है, जहाँ वे कार्यरत होते हैं।

दूसरी ओर, ऐसे लोग भी होते हैं, जिनके पास अनुभव और ज्ञान तो होता है, लेकिन डिग्री न होने के कारण वे उस पद के लिए क्वालीफाई नहीं हो पाते। इस असमानता के कारण न केवल योग्य लोग बेरोजगार रह जाते हैं, बल्कि अयोग्य लोगों के रोजगार में होने से कार्य की गुणवत्ता पर भी बुरा प्रभाव पड़ता है।

इस अव्यवस्था का मुख्य कारण हमारी शिक्षा प्रणाली है, जहाँ छात्रों को केवल परीक्षा में अच्छे अंक लाने के लिए तैयार किया जाता है, उन्हें न तो विषय को गहराई से समझने के लिए प्रेरित किया जाता है, न ही किसी नए दृष्टिकोण से सोचने के लिए तैयार किया जाता है। बड़े-बड़े कॉलेज भी सिर्फ प्लेसमेंट कराने का लक्ष्य ही रखते हैं। इसका परिणाम यह होता है कि छात्र शिक्षा की वास्तविक महत्ता से अंजान रह जाते हैं।

शिक्षा का असली मकसद व्यक्ति को व्यावहारिक जीवन के लिए तैयार करना है, लेकिन हमारे पुराने ज़माने के पाठ्यक्रमों में आज की जरुरत के लिए उपयोगी व्यावहारिक ज्ञान का अभाव है। उदाहरण के लिए, दुनिया आज सोशल मीडिया और वीडियो कॉल पर पहुँच गई है और हमारे पाठ्यक्रमों में आज भी पत्र लेखन ही सिखाया जा रहा है। वास्तविक जीवन में इसका परिणाम यह होता है कि छात्र केवल किताबी ज्ञान के आधार पर पास तो हो जाते हैं, लेकिन व्यावहारिक समस्याओं का सामना करने में असमर्थ होते हैं।

ऊपर से आजकल युवाओं में सीखने की ललक भी नहीं है। पहले के समय में शिक्षक कठोर मेहनत करवाकर कोई पाठ सिखाते थे और छात्र भी बड़ी निष्ठा से उसे सीखते थे। लेकिन, आजकल के बच्चे बिना मेहनत के बिना कुछ नया सीखे एक बने बनाए ढर्रे पर चलने के आदी हो गए हैं। जब बच्चे कुछ नया सीखना ही न चाहें, तो आखिर कोई सीखा भी कैसे पाएगा। टेक्नोलॉजी ने भी इसमें कोई कसर नहीं छोड़ी है। पहले सुविधाओं के अभाव में बच्चे अच्छी तरह किसी भी पाठ को सीख लिया करते थे, लेकिन आज जब सब कुछ एक क्लिक पर उपलब्ध है, तो छात्रों में वैसी लगन ही नहीं है।

सामाजिक तौर पर भी आजकल केवल दिखावा ही महत्वपूर्ण हो गया है। समाज में आपको इस आधार पर आँका जाता है कि आपके पास कितनी बड़ी डिग्री और कितनी अच्छी नौकरी है।

फिर चाहे आपके पास सच में कोई योग्यता हो या नहीं, इस बात से कोई फर्क नहीं पड़ता है। इसलिए भी आजकल क्वालीफिकेशन का महत्व एजुकेशन से ज्यादा हो गया है। बड़ी-बड़ी कंपनियों में चयन का आधार भी डिग्री ही है, जिससे केवल क्वालीफाईड लोग ही नौकरी पा सकते हैं, भले ही उनके पास वास्तविक ज्ञान और कौशल हो या न हो।

जब तक हम शिक्षा के मूल उद्देश्य को नहीं समझेंगे और केवल डिग्री के पीछे दौड़ते रहेंगे, तब तक यह समस्या बनी रहेगी। इसके समाधान के लिए सबसे पहले, शिक्षा प्रणाली में सुधार करते हुए, कौशल विकास पर जोर दिया जाना चाहिए। छात्रों को उनके क्षेत्र में आवश्यक तकनीकी और व्यावहारिक कौशल सिखाने के लिए विशेष पाठ्यक्रम और ट्रेनिंग कार्यक्रमों का आयोजन जरूरी है। इसके साथ ही, शिक्षा संस्थानों और इंडस्ट्री के बीच समन्वय बढ़ाने की जरूरत है, ताकि पाठ्यक्रम इंडस्ट्री की आवश्यकताओं के अनुरूप हो और छात्र डिग्री प्राप्त करने के बाद तुरंत रोजगार के लिए तैयार हों।

इसके अलावा, आजीवन सीखने की अवधारणा को भी बढ़ावा दिया जाना चाहिए, ताकि युवा यह समझें कि शिक्षा केवल डिग्री प्राप्त करने तक ही सीमित नहीं है, बल्कि यह जीवनभर चलने वाली एक सतत प्रक्रिया है। अंततः, कंपनियों को केवल डिग्री के आधार पर भर्ती करने के बजाए, उम्मीदवारों के वास्तविक ज्ञान, कौशल और अनुभव पर ध्यान देना चाहिए।

यदि हम इन बिंदुओं को सही मायनों में लागू कर पाएँ, तो न केवल हमारे देश की कार्य शक्ति मजबूत होगी, बल्कि समाज की भी नींव मजबूत होगी। हमें इस दिशा में ठोस कदम उठाने की जरूरत है, ताकि आने वाली पीढ़ी केवल क्वालीफाईड नहीं, बल्कि सच में एजुकेटेड हो, और इस तरह से हम एक सशक्त और उज्ज्वल भविष्य की दिशा में अग्रसर हो सकेंगे।

फेल होना भी है जरुरी....

12

फेल होना भी है जरुरी....

हर चीज की शुरुआत बचपन से ही होती है। बचपन में सीखी सीख आपको भविष्य के लिए तैयार करती है। इसमें जितना योगदान घर से मिले संस्कारों का होता है, उतना ही स्कूली जीवन में मिली सीख का भी होता है। स्कूल से मिली सीख केवल किताबी ज्ञान ही नहीं देती है, बल्कि व्यक्ति को जिंदगी की कसौटी के लिए भी तैयार करती है। उदाहरण के लिए, पुराने और आज के समय की शिक्षा की नीति और उससे पड़ने वाले प्रभावों की ही बात करें। आज बच्चों के पढ़ने के लिए सुविधाएँ तो बहुत हो गई है, लेकिन ये सुविधाएँ नौनिहालों के कच्चे मन को जिंदगी की तपिश के लिए परिपक्व नहीं कर पा रही हैं। और इसके गंभीर परिणाम सामने आ रहे हैं.....

उदाहरण के लिए, पहले और आज की शिक्षा नीति की ही बात कर लें। पहले की शिक्षा पद्धति ऐसी थी, जो न सिर्फ शिक्षा देती थी, बल्कि जीवन जीने का अनमोल ज्ञान भी देती थी। दो दशक पहले की ही बात करें, तब स्कूलों में यह नियम था कि जो परीक्षाओं में पास हो गया, वह अगली कक्षा में चला जाता था और जो फेल हो गया, वह फिर से उसी कक्षा में ही पढ़ता था। यह नियम हर स्तर की कक्षा में समान रूप से लागू था। इस नीति के दो फायदे थे, पहला तो यह कि पिछली कक्षा में एक साल और न पढ़ना पड़े, इस डर से बच्चे मेहनत से परीक्षा की तैयारी करते थे। इससे उनकी शिक्षा का स्तर तो सुधरता ही था, साथ ही वे अपनी मेहनत के दम पर सफलता पाते थे। दूसरा यह कि फेल होने की स्थिति में उन्हें पता होता था कि असफलता क्या होती है। वे असफलता से भली प्रकार परिचित रहते थे। बचपन से ही उन्हें अपनी मेहनत से मिली सफलता और अपनी किसी कमी के कारण मिली असफलता, दोनों का अनुभव रहता था। इससे बच्चे न सिर्फ स्कूली परीक्षा के लिए, बल्कि जीवन की कसौटी के लिए भी तैयार होते थे।

समय बदला तो शिक्षा नीति भी बदली, जिसमें 8वीं तक के छात्रों को हर स्थिति में पास करने का नियम लागू किया गया। ऊपरी तौर पर तो यह नियम बड़ा अच्छा लगा कि इससे छात्रों पर पढ़ाई का दबाव कम होगा। लेकिन, अप्रत्यक्ष रूप से इस नियम ने बड़ा नुकसान किया। अब छात्रों को पता था कि परीक्षा के लिए पढ़ा जाए या न पढ़ा जाए, पास तो होना ही है, तो फिर क्यों किताबों में सिर खपाया जाए। इससे बुनियादी शिक्षा का स्तर तो गिरा ही, ऊपर से छात्रों को असफलता का स्वाद पता ही नहीं चला। कक्षा दर कक्षा पास होते गए और जीवन के 10-11 साल बड़े आराम से निकल गए।

लेकिन, जीवन तो जीवन है, यहाँ सुख-दुःख, हार-जीत सबका बराबर हिस्सा है। यही बच्चे जब बड़ी कक्षाओं में पहुँचे, तो बुनियादी शिक्षा की कमी ने पढ़ाई में बाधाएँ खड़ी कर दी, साथ ही अब परीक्षा में बिना मेहनत और पढ़ाई के पास होना भी संभव नहीं रहा। प्रतिस्पर्धा ने स्थिति को और भी ज्यादा बिगाड़ दिया

इन स्थितियों का नतीजा यह हुआ कि छोटी-सी असफलता भी बच्चों के मन पर गहरा प्रभाव छोड़ने लगी। और हमारे सामने छात्रों के मानसिक तनाव के कारण अवसाद में जाने और आत्महत्या की खबरें तेजी से सामने आने लगीं। पिछले पाँच सालों में यह स्थिति एक गंभीर चिंता का विषय बन चुकी है। आँकड़ें बताते हैं कि हर साल होने वाली आत्महत्याओं में 22 साल और उससे कम उम्र के युवाओं की संख्या बढ़ रही है, जिसका मुख्य कारण परीक्षाओं में असफलता रही है। राष्ट्रीय अपराध रिकॉर्ड ब्यूरो (एनसीआरबी) के अनुसार, देश में 2022 में लगभग 1,70,924 आत्महत्याएँ हुईं, जिनमें से करीब 7.6% छात्रों द्वारा की गईं। इनमें से भी 2200 के आस-पास आत्महत्या के केस में परीक्षा में असफलता कारण बनी।

नई पीढ़ी को छोटी-सी सफलता देकर हमारी शिक्षा नीति ने कितने बड़े स्तर पर असफल किया है, इस बात का अनुमान इन आँकड़ों से लगाया जा सकता है। बात केवल परीक्षा की नहीं है, ये आँकड़ें बताते हैं कि आने वाली पीढ़ी असफलता और संघर्ष जैसे अनुभवों के लिए तैयार ही नहीं है। आजकल के युवा जीवन में असफलता देखे बिना ही सफल होना चाहते हैं, और जब यह नहीं हो पाता है, तो वे मानसिक रोग तथा आत्महत्या जैसे अवसादों से घिर जाते हैं। यदि बचपन से ही असफलता का अनुभव होता, तो यह पीढ़ी जीवन में आने वालीं बड़ी असफलताओं के लिए भी तैयार रहती और आज जो आँकड़ें हमारे लिए चिंता का विषय बन रहे है, वो शायद देखने को ही न मिलते।

गलती यहाँ सिर्फ युवाओं की ही नहीं है। समाज के रूप में हमने भी असफलता को इतना नकारात्मक बना रखा है कि किसी की जरा सी असफलता पर हम उसे हीन भावना से देखने लगते हैं। उसकी मेहनत और संघर्ष को सिरे से नकार देते हैं। जबकि हमें यह समझने की जरुरत है कि सफलता और असफलता एक सिक्के के दो पहलू हैं। दोनों का जीवन में अपना-अपना महत्व है। सफलता और असफलता को समझाते हुए स्व. श्री रतन टाटा ने कहा था, यदि किसी ई.सी.जी. में ग्राफ ऊपर-नीचे नहीं हैं, अर्थात् यदि उसमे हमारे दिल की धड़कनें ऊपर-नीचे चलने के बजाए एक सीधी लाइन में आ जाएँ, तो हमें मृत मान लिया जाता है; ठीक इसी प्रकार उतार-चढ़ाव (सफलता और असफलता) हमारे जीवन का हिस्सा हैं। इसमें यह होने ही चाहिए। इसलिए कहता हूँ कि फेल भी होते रहिए। जब मन और मस्तिष्क असफल होने पर भी सहज रहेंगे और इसे स्वीकार कर पाएँगे, तब ही आप असफलता का अवलोकन शांत मन से कर पाएँगे, इससे जितना आप सफल होने पर सीखेंगे, उससे कहीं ज्यादा आप असफल होने पर सीखेंगे। और यही सीख आगे आने वाली किसी बड़ी सफलता का कारण बनेगी।

दिल बता

प्रेरणा

बरकत का ताबीज..

01

बरकत का ताबीज..

रात में गाँव में सन्नाटा पसरा हुआ था, सभी लोग सुबह होने तक नींद की यात्रा करने निकल पड़े थे.. लेकिन आखिरी छोर पर बने एक छोटे-से घर में भूख की कराहटें गूँज रही थीं। चूल्हा ठंडा पड़ा था, बर्तन खाली थे और एक माँ अपने बच्चे को थप-थपाकर सुलाने की नाकाम कोशिश कर रही थी। बच्चा धीरे से बोला- "माँ, मुझे नींद नहीं आ रही है.. बहुत जोरों से भूख लगी है.." यह सुनकर माँ की आँखों में आँसू आ गए, लेकिन अंधेरे का फायदा उठाकर उसने जलधारा की तरह बहते अपने आँसू साड़ी के पल्लू में छिपा लिए, ताकि कोई देख न सके। न जाने कितनी ही रातें यूँ ही बीत गई थीं, जब यह पल्लू भीग जाया करता था, लेकिन आज की रात जैसे उसकी हिम्मत टूट-सी गई थी।

सुबह होते ही, अपने फटे आँचल में आखिरी उम्मीद समेटे, वह गाँव के प्रसिद्ध साधु के पास पहुँची। आँखों में करुणा थी, हाथ जुड़े हुए थे.. वह बोली, "स्वामी जी! कोई ऐसा मंत्र दीजिए, जिससे मेरे मासूम बच्चे का रात को भूख से रोना बंद हो जाए।"

कुछ देर तो साधु शांत बैठे रहे, फिर अपनी कुटिया के भीतर गए और एक पीले कपड़े पर कुछ लिखकर उसे एक ताबीज की तरह बाँध दिया। बाहर आने के बाद महिला को वह ताबीज देते हुए बोले- "इसे घर में उस जगह रखना, जहाँ तुम अपनी मेहनत की कमाई रखती हो।"

महिला ने ताबीज को अपनी छोटी-सी पोटली में रख लिया और घर लौट आई। उस दिन संयोग से उसके पति को दिहाड़ी का कुछ काम मिल गया और पहली बार उनके घर में इतना भोजन पका, जिससे सभी का पेट भर जाए। यह वह पहली रात थी, जब घर में रात में रोने और कराहने की आवाज़ की जगह हँसी सुनाई दे रही थी, क्योंकि उस दिन विशेष रूप से बच्चे ने भर पेट खाना खाया। दिन भर अनमना-सा रहने वाला वह बच्चा आज खूब खेला था, सो पैरों का जवाब देना भी स्वाभाविक ही था.. वह इस रात सुकून की नींद सोया।

अगली सुबह, जब महिला ने दरवाज़ा खोला, तो आँगन में एक छोटी-सी पोटली पड़ी मिली। कुछ सहम-सी गई..

तरह-तरह के ख्याल इतनी-सी देर में ही मन में पनपने लगे.. काँपते हाथों से जैसे-तैसे उस पोटली को उठाया और खोला, तो क्या देखती है कि उसमें कुछ रुपए रखे हुए थे। रुपयों के पीछे से एक पर्ची झाँक रही थी, जिसमें लिखा था, "इन रुपयों से कोई कारोबार कर ले।"

महिला ने वह पर्ची और रुपए अपने पति के हाथों में थमा दिए। ईश्वर का आशीर्वाद समझकर पति ने तुरंत कुछ सामान खरीदा और आस-पास के गाँवों में जाकर घूम-घूम कर बेचने लगा.. कुछ समय बीतने के बाद उसने गाँव में ही एक छोटी-सी दुकान खरीद ली। इस दुकान में विशेष रूप से ऐसा सामान रखता था, जिसे लेने के लिए गाँव के लोगों को पास के शहर जाना पड़ता था.. अपने गाँव में ही सामान मिलने की सुविधा होने से लोगों की गाड़ी-घोड़ों के किराए में लगने वाले पैसों की चिंता तो खत्म हो ही गई, साथ ही शहर जाने का समय भी बच गया.. धीरे-धीरे धंधा बढ़ा, तो आमदनी भी बढ़ती गई। अब वह घर, जहाँ कभी भूख डेरा डाले बैठी थी, समृद्धि से भरने लगा।

समय बीतता गया। दुकान बढ़ी, ग्राहक बढ़े और देखते ही देखते एक दिन ऐसा आया, जब उन पति-पत्नी के पास धन की कोई कमी नहीं रही। उनका जीवन पूरी तरह बदल चुका था। अब घर में सिर्फ भर पेट भोजन ही नहीं, बल्कि खुशहाली भी थी। बच्चे की हँसी गूँजने लगी, माँ की आँखों में अब संतोष था और सबसे बड़ी बात, पिता का सिर गर्व से ऊँचा रहने लगा। जीवन की रेल ने जैसे बढ़िया रफ्तार पकड़ ली थी..

एक दिन, जब महिला तिजोरी में पैसे रख रही थी, तो उसकी नज़र उसी पीले कपड़े पर पड़ी। दिल में एक सवाल उठा कि आखिर इसमें ऐसा क्या लिखा था, जिसने हमारी तकदीर बदल दी?

उसने काँपते हाथों से ताबीज खोला और पढ़ा। फिर क्या था, पढ़ते ही उसकी आँखें भर आईं.. हाथ अब और भी जोरों से काँपने लगे। उसमें लिखा था, "जब पैसों की तंगी समाप्त हो जाए, तो सारा पैसा तिजोरी में छिपाने के बजाए कुछ पैसे ऐसे घर में डाल देना, जहाँ से रात को बच्चों के रोने की आवाज़ें आती हों.."

उफ्फ.. उसकी आँखों के सामने सब कुछ घूमने लगा.. हर रात उसका रोता-बिलखता और भूख से तड़पता बच्चा.. थपकी देकर सुलाने के बाद भी दूर से ही भाग जाने वाली उसके बच्चे की नींद.. कुछ न कमा पाने की उसके पति की बेबसी.. झर-झर बहते आँसुओं को रोकने की अपार शक्ति रखने वाला साड़ी का फटा हुआ पल्लू.. मदद के लिए बढ़ाए हुए हाथ.. और फिर एक दिन अचानक से मिली यह समृद्धि.. उसे समझ में आ गया कि असली चमत्कार उस मंत्र में नहीं था, बल्कि उसकी सोच में था।

शाम को अपने पति के इंतज़ार में पूरा दिन काट दिया.. जैसे ही दरवाज़ा खटखटाने की आवाज़ आई, वह दौड़ी चली आई और दरवाज़ा खोलते से ही अपने पति से कहा, "हम तिजोरी नहीं, किसी की तकदीर भरेंगे।"

गरीबी से उठे थे, सो दूसरों की मजबूरी बखूबी समझते थे.. फिर क्या था, उन्होंने हर महीने अपनी कमाई का एक हिस्सा उन घरों तक पहुँचाने का संकल्प लिया, जहाँ उनके अतीत जैसे हालात थे। धीरे-धीरे यह छोटा-सा कदम एक बड़ी पहल बन गया। अब उनके हाथों से सिर्फ पैसा नहीं, बल्कि उम्मीद भी बँटती थी। हर महीने जब किसी भूखे बच्चे को खाना मिलता, किसी माँ की आँखों में संतोष के आँसू छलकते, तो उन्हें लगता कि उन्होंने सच में अपनी तिजोरी को अमीर बना लिया है।

समय के साथ उनका यह प्रयास और बढ़ता गया। उन्होंने एक छोटी-सी संस्था बनाई, जो गरीबों के लिए भोजन और शिक्षा की व्यवस्था करने लगी। उनके प्रयासों से कई ऐसे परिवार थे, जिनके जीवन में अब बेहतर बदलाव आने लगे थे। अब यह सिर्फ एक परिवार की नहीं, बल्कि पूरे गाँव की कहानी बन चुकी थी।

इस बदलाव को देखकर वह महिला कई बार सोचती कि यदि उस दिन साधु महाराज से वह ताबीज न मिला होता, तो शायद हम भी आज उन्हीं भूखों में शामिल होते। लेकिन, फिर उसे एहसास हुआ कि असली जादू उस कागज़ के टुकड़े में नहीं, बल्कि उस विचार में था, जिसने उनकी सोच बदल दी। अब जब भी कोई गरीब उनके दरवाज़े पर मदद माँगने आता, तो वे उसे खाली हाथ नहीं लौटाते। वे जानते थे कि जिस तरह उनके जीवन में एक बदलाव आया था, वैसे ही वे भी किसी और की तकदीर बदल सकते थे।

वे दोनों इस बात को बखूबी जान चुके थे कि पैसा सिर्फ तिजोरी में बंद करके या सजाकर रखने के लिए नहीं होता, बल्कि किसी की तकदीर सँवारने के लिए होता है। जब हम किसी और के आँसू पोंछते हैं, तो किस्मत खुद हमारे आँसू पोंछने का इंतज़ाम कर देती है। कभी आप भी अपनी तिजोरी में झाँककर देखिए, कहीं उसमें किसी और की मुस्कान की जगह खाली तो नहीं है?

मैंने उसे बचाया या उसने मुझे..

02

मैंने उसे बचाया या उसने मुझे..

रात के तकरीबन साढ़े दस बजे होंगे। मैं ऑफिस से लौट रहा था। दिनभर की थकान के बाद बस घर पहुँचकर चैन से बैठने की इच्छा थी। ठंडी हवा चल रही थी, सड़कें खाली हो रही थीं, और लैंप पोस्ट की रोशनी में झींगुरों की हल्की-हल्की आवाज़ सुनाई दे रही थी। तभी मैंने सड़क के किनारे एक व्यक्ति को बेबस पड़ा देखा। अंधेरे में उसका चेहरा साफ नहीं दिखाई दे रहा था, लेकिन उसके शरीर की हलचल बता रही थी कि वह ज़िंदा है। लोग आते-जाते रहे, लेकिन उस पर किसी का ध्यान नहीं था, या यूँ कहूँ कि कोई गौर करना ही नहीं चाह रहा था। मैं काफी देर तक वहीं खड़ा रहा, लोगों की यह नज़रअंदाजी देखता रहा.. मैं सोच रहा था कि इस स्थिति में मुझे क्या करना चाहिए?

जैसे ही कदम बढ़ाने को हुआ, दिल के किसी कोने से आवाज़ आई, क्या होता, यदि यह मैं होता? क्या मैं भी यूँ ही किसी की मदद की उम्मीद में पड़ा रहता?

मैं ठिठक गया। कदम खुद-ब-खुद उसकी ओर मुड़ गए। नज़दीक जाकर देखा, तो वह कोई बुज़ुर्ग आदमी था। उसके कपड़े मैले-कुचैले थे, शरीर पर गंदगी की परत जमी हुई थी। साँसें धीमी चल रही थीं। मैंने झिझकते हुए उसे हिलाया। कोई जवाब नहीं। मैंने अपने बैग में से पानी की बॉटल निकाली और उसके चेहरे पर छींटे मारे। पलकें हल्की-सी हिलीं। किसी तरह उसने आँखें खोलीं और बहुत धीमी आवाज़ में कहा, "भूख लगी है.."

इन तीन शब्दों को सुनने से पहले बर्फ की तरह ठोस मैं, पानी की तरह पिघल गया। उसकी यह हालत देखकर मन में बड़ी टीस उठी कि न जाने कितने दिनों से भूखा होगा वह। काम और दूसरी चिंताओं के चलते आज मैंने भी खाना नहीं खाया था.. उसे छोड़कर कहीं जाने का मन भी नहीं हुआ, सो बॉटल के पास ही सटे हुए टिफिन को बाहर निकाल लिया.. जब उसके काँपते हाथों ने पहला निवाला उठाया, तो उसकी आँखों में जो अलग-सी चमक दिखी, उसे शब्दों में बयाँ कर पाना मेरे बस की बात नहीं.. भूख से तड़पते इंसान की आँखों में उम्मीद की चमक पहली बार जो देखी थी। वह धीरे-धीरे खाने लगा और हर निवाले के साथ उसकी आँखों में एक नई ऊर्जा दिखने लगी।

सच कहूँ, तो आज "दाने-दाने पर लिखा खाने वाले का नाम" कहावत का मोल और सार बहुत ही अच्छे से समझ आ गया था..

खाने के बाद उसने मेरी तरफ देखा और जो कहा, वह मेरे भीतर के मरे हुए इंसान को ज़िंदा करने के लिए काफी थे। उसने कहा, "आज बहुत दिनों बाद लगा कि मैं ज़िंदा हूँ.." मैं इस प्रश्न के साथ कुछ पल को वहीं ठहर गया कि मैंने उसे बचाया या उसने मुझे.. सच्चाई यह थी कि उस दिन मैंने उसे नहीं, उसने मुझे बचा लिया।

वह दिन बीत गया। मैं अपने जीवन में फिर से व्यस्त हो गया, लेकिन मन में एक बेचैनी रह गई। हम सब भाग रहे हैं, पैसा कमाने, पहाड़ की तरह बड़े-बड़े सपनों को पूरा करने, अपनी दुनिया को सँवारने.. लेकिन हम यह भूल जाते हैं कि असली संतोष और अमीरी दूसरों के लिए किए गए छोटे-छोटे कामों में होती है।

कुछ दिनों बाद जब मैं उसी रास्ते से गुज़रा, तो मैंने देखा कि वह आदमी वहाँ नहीं था। मन में विचार चल ही रहा था कि वह कहाँ गया होगा कि इतने में किसी ने पीछे से आवाज़ दी, "बेटा!"

मैंने पलटकर देखा, तो वह वही इंसान था, लेकिन इस बार वह बदला हुआ था। अब वह कमजोर और असहाय नहीं लग रहा था। बाल सँवार रखे थे, शरीर में थोड़ी मजबूती आ गई थी। चेहरे पर एक नई चमक थी। मैंने पूछा, "कैसे हो?" उसने हल्की मुस्कान के साथ कहा, "ज़िंदा हूँ, आपकी वजह से।"

अब मेरे चेहरे पर भी मुस्कान थी। मैंने पूछा, "तुम अब कहाँ रहते हो? क्या कर रहे हो?" उसने बताया कि जब मैंने उसकी मदद की, तो उसके मन में उम्मीद जागी। अगले ही दिन उसने एक गुरुद्वारे में शरण ली। वहाँ लंगर में खाना मिला, लोगों ने सहारा दिया। धीरे-धीरे उसने अपने जीवन को संभालना शुरू किया। अब वह एक छोटे-से ढाबे में बर्तन धोने का काम कर रहा था और इस उम्र में खुद अपना पेट पाल रहा था।

मुझे यह जानकर सुकून मिला कि अब वह किसी पर निर्भर नहीं है। इतने में, मैं क्या देखता हूँ कि बातचीत के दौरान उसने अपनी जेब से सौ रुपए निकालकर सड़क किनारे बैठे एक बुज़ुर्ग भिखारी को दे दिए।

मैं हैरानी से देखता रह गया। उसने मेरी तरफ देखा और कहा, "जिसने खुद दर्द सहा हो, वह किसी और का दर्द नहीं देख सकता।" उस दिन मेरी आँखें नम हो गईं। मैंने जो बीज किसी के जीवन में डाला था, वह अब उसके जीवन में हरियाली बन रहा था।

मदद का चक्र चलता ही रहता है.. जब हम किसी की मदद करते हैं, तो हम सिर्फ एक व्यक्ति का जीवन नहीं बदलते, बल्कि एक पूरी श्रृंखला शुरू कर देते हैं।

जिस तरह मैंने उस इंसान की मदद की और बदले में उसने किसी और की सहायता की, ठीक उसी तरह जब हम किसी जरूरतमंद का हाथ थामते हैं, तो कहीं न कहीं हमारे लिए भी कोई हाथ बढ़ाने को तैयार रहता है। हम अक्सर सोचते हैं कि "मैं अकेला क्या कर सकता हूँ?" लेकिन सच यह है कि एक छोटा-सा कदम, एक छोटी-सी करुणा की भावना, किसी की पूरी दुनिया बदल सकती है।

हम अपनी दिनचर्या में इतने मशगूल हो जाते हैं कि हमें एहसास ही नहीं होता कि हमारे आसपास कितने लोग मदद की उम्मीद में बैठे हैं। इसलिए, अगली बार जब आप किसी जरूरतमंद को देखें, तो यह मत सोचिए कि "यह मेरा काम नहीं है।" यह सोचिए कि इस स्थान पर मैं होता, तो क्या चाहता? और साथ ही याद रखिए कि जब आप किसी के लिए हाथ खोलते हैं, तो आपके लिए दो हाथ अपने आप खुल जाते हैं।

मन के हारे हार है, मन के जीते जीत

03

मन के हारे हार है, मन के जीते जीत

एक किसान की कहानी है। सूखे की वजह से बार-बार उसकी फसल नष्ट हो जाती थी। गाँव के लोग अक्सर उसे ताने दिया करते थे.. तू खेती करता है, इसलिए ही तेरे खेत में बार-बार सूखा पड़ता है। तू खेती छोड़ दे, भगवान तुझे नहीं देख रहा..

कई साल वही ताने सुनते-सुनते गुज़र गए.. हर साल वह बुआई करता.. खूब मेहनत करता.. फसलों की खूब देख-रेख करता और कहता, "मैं नहीं जानता कि बारिश कब होगी, लेकिन मैं यह जरूर जानता हूँ कि जैसे यह सूखा हार नहीं मान रहा, वैसे ही मैं भी हार नहीं मानूँगा।" सूखा आता और उसकी सारी फसल बर्बाद कर देता..

दोनों में से किसी एक की हार तो होनी ही थी, सो फिर क्या था.. हर बार किसान हारता था.. इस बार सूखा हार गया.. कारण कि एक दिन खूब बारिश हुई। खेत लहलहा उठे। अबकी बार गाँव के लोग कहते हैं, "भाग्य ने खूब साथ दिया, तू तो बड़ा किस्मत वाला है, जो पूरे गाँव में तेरी फसल सबसे अधिक हुई।" तो कोई कहता, "किस्मत वाला है, वरना इतने सालों तक सूखे में कोई नहीं टिक पाता।"

लेकिन, सच्चाई यह थी कि उसने अपने मन को हारने नहीं दिया था। यही जीवन का सार है। यदि हम हालातों के ठीक होने का इंतज़ार करेंगे, तो शायद सारी उम्र हार के अंधेरे में बैठे रहेंगे। लेकिन, यदि हम अपने मन को मजबूत कर लें, तो कोई भी चुनौती हमें तोड़ नहीं सकती।

हर तरफ चर्चा हो रही थी उस किसान की, जो बरसों तक सूखे से जूझता रहा और अबकी बार पूरे गाँव में उसकी फसल सबसे अधिक हुई थी। समय का फेर देखो, जो लोग कल तक उसे ताने देते थे, आज वही उसकी तारीफ कर रहे थे। गाँव के लोग अब जब भी उसे देखते, उसकी सफलता पर चर्चा करते, लेकिन कोई भी उसकी वर्षों की मेहनत को नहीं गिनता। बारिश ने खेतों को हरा-भरा बना दिया, लेकिन उस किसान के हौंसलों की जड़ें उससे कहीं अधिक गहरी थीं।

लोगों को लगता कि भाग्य ने उसका साथ दिया, लेकिन वे यह नहीं देख पाए कि कितनी बार उसने खेत जोते, बीज डाले और फिर सब कुछ उसी मिट्टी में मिलते देखा। हर बार फसल के नष्ट होने पर उसकी आँखों में आँसू आते, लेकिन उसने कभी उम्मीद को सूखने नहीं दिया।

अबकी बार जब गाँव के बड़े-बुजुर्गों ने उसे बुलाया और उसकी सफलता की तारीफ की, तो वह सिर्फ मुस्कुरा दिया। किसी ने पूछा, "तूने हार मानने की नहीं सोची?"

किसान ने जवाब दिया, "हार मान लेने से सूखा तो खत्म नहीं होता। और यदि मैंने किस्मत मानकर इसे छोड़ दिया होता, तो शायद यह बारिश भी मेरे किसी काम की नहीं होती। मैं नहीं जानता था कि बारिश कब होगी, लेकिन मैं यह जरूर जानता था कि इस ढीठ सूखे की तरह ही मैं भी हार नहीं मानूँगा।"

उसकी बात सुनकर गाँव के कई नौजवानों ने सोचा, "क्या सच में हिम्मत हारने से ही लोग हारते हैं?" गाँव के लोगों की सोच बदलने लगी। अब किसान की कहानी सिर्फ उसकी नहीं रह गई थी। यह पूरे गाँव के लिए एक सीख बन गई थी।

जो नौजवान खेती छोड़कर शहर जाने की सोच रहे थे, वे अब रुक गए। उन्हें एहसास हुआ कि मेहनत से हालात बदले जा सकते हैं। कुछ और किसानों ने नई तकनीकों को अपनाने और अपनी ज़मीन को बेहतर बनाने का संकल्प लिया। जो कल तक उसे ताने देते थे, वे अब उससे खेती के गुर सीखने लगे।

गाँव में अब एक नई उम्मीद-सी जागने लगी थी। किसान ने यह साबित कर दिया था कि हार वह नहीं होती, जो आँखों से दिखाई देती है, हार वह होती है, जो मन में बैठ जाती है।

वर्षों तक लगातार उसने खेत जोते, बीज डाले और फिर फसल बर्बाद होती देखी। जब पहली बार उसकी फसल नष्ट हुई, तो उसने मिट्टी को और गहराई से समझना शुरू किया। दूसरी बार पानी का सही प्रबंधन सीखा। तीसरी बार बीजों की गुणवत्ता पर ध्यान दिया। हर असफलता उसे कुछ नया सिखाती रही। यहाँ उसने सीखा कि सिर्फ मेहनत करना ही काफी नहीं, समझदारी से मेहनत करना जरूरी है।

धीरे-धीरे उसकी फसल बेहतर होने लगी। और फिर वह दिन भी आया, जब बारिश ने खेतों को लहलहा दिया, और फिर क्या था, उसकी मेहनत बहुत ही सुंदर रंग लाई। गाँव के लोगों ने भले ही इस सफलता को किसान की किस्मत करार दिया। लेकिन, किसान जानता था कि यह सिर्फ भाग्य नहीं था, यह उसकी वर्षों की मेहनत का नतीजा था।

सबसे बड़ा युद्ध बाहर नहीं, भीतर लड़ा जाता है। यदि मन हार जाए, तो दुनिया की कोई ताकत तुम्हें जीत नहीं दिला सकती। लेकिन, यदि मन अडिग रहे, तो बड़े से बड़ा तूफान भी तुम्हारा रास्ता नहीं रोक सकता। उसने साबित कर दिया कि सिर्फ किस्मत के भरोसे रहने वाले ही असफलता का रोना रोते हैं। जो मेहनत करते हैं, उनके लिए किस्मत भी एक दिन झुक जाती है। उसकी हिम्मत की यह मिसाल पूरे गाँव के दिल को छू गई। किसान की कहानी किसी एक व्यक्ति तक सीमित नहीं है, बल्कि यह जीवन की सच्चाई है।

हर इंसान के जीवन में संघर्ष आते हैं। कोई खेती में हारता है, कोई व्यापार में, कोई रिश्तों में, तो कोई सपनों की दौड़ में। लेकिन, असली हार तब होती है, जब इंसान मन से हार जाता है, कोशिश करना छोड़ देता है और खुद को कमजोर समझकर जीवन की रेस से खुद को कोसों दूर कर लेता है। यदि जीतने की ठानी है, तो फिर आपको कोई नहीं हरा सकता।

कितनी बार हम भी अपनी तकलीफों के आगे घुटने टेक देते हैं। कितनी ही बार हम सोचते हैं कि अब आगे कुछ नहीं बचा। हमारी तकलीफें हमारे मन से बड़ी नहीं हो सकतीं। सोचिए, यदि सूरज रात के अंधेरे को देखकर हार मान ले, तो क्या सुबह होगी? यदि बीज मिट्टी में दबकर यह सोच ले कि अब उसका अंत हो गया, तो क्या वह कभी वृक्ष बन पाएगा? फर्क सिर्फ इतना है कि कुछ लोग हालातों से हार मान लेते हैं, और कुछ लोग हालातों को अपनी जीत की सीढ़ी बना लेते हैं।

कल्पना कीजिए, यदि अभिमन्यु चक्रव्यूह में फंसकर कहता कि "मैं नहीं लड़ सकता", तो क्या उसकी वीरता की कहानियाँ अमर होतीं? हम सबके जीवन में कभी न कभी ऐसा समय आता है, जब सब कुछ बिखरता हुआ-सा लगता है। लेकिन, यही वह पल होता है, जब हमें तय करना होता है कि हम इस दर्द को अपनी कब्र बनाएँगे या अपनी मजबूती का आधार?

यदि किसान भी यह सोचकर बैठ जाता कि इतने लोग गलत थोड़ी न कहेंगे, मुझे खेती-किसानी छोड़ देना चाहिए या फिर सूखा कभी खत्म नहीं होगा और बारिश कभी नहीं आएगी, तो शायद वह कभी सफल नहीं होता। लेकिन उसने हार नहीं मानी। इसलिए, इस मूलमंत्र को हमें भी अपने जीवन में उतारने की जरुरत है कि "मन के हारे हार है, मन के जीते जीत.."

जो टूटते हैं, उनमें ही तो
कला होती है फिर से जुड़ जाने की

04

जो टूटते हैं, उनमें ही तो कला होती है फिर से जुड़ जाने की

सर्दियों की एक ठंडी शाम थी। हवा में धूप का स्वाद घुला हुआ था, और पेड़ों की छाँव किसी बूढ़े संत की तरह स्थिर बैठी थी। समय जैसे चल नहीं रहा था, बस रुक गया था उस पल में, उस मौन में, जिसे कोई देख तो नहीं सकता, लेकिन महसूस जरूर कर सकता है।

मैं पार्क के एक कोने में बेंच पर बैठा था- शांत, स्थिर और थोड़ा थका हुआ। यह बात और है कि थकान शरीर की नहीं थी, मन की थी। वह थकान जो जीवन के असमर्थ प्रयासों से आती है, जब हम बार-बार बिखरते हैं, बार-बार खुद को जोड़ते हैं, बार-बार गिरते हैं और बार-बार उठ खड़े होते हैं।

कोई शोर नहीं था, कोई संवाद नहीं था। सिर्फ हवा थी, जो पत्तों से टकराकर कोई सूफियाना राग बुन रही थी। और तभी, मेरे बगल में एक बुजुर्ग व्यक्ति आकर बैठ गए। उनके कपड़े थोड़े पुराने-से थे, लेकिन थे एकदम साफ-सुथरे। चाल में कुछ थकान थी, लेकिन चेहरे पर एक अजीब-सी संतुष्टि।

उनके हाथ में मिट्टी की एक प्याली थी, जिससे वे धीरे-धीरे चाय की चुस्कियाँ ले रहे थे। लेकिन, उस प्याली पर मेरी निगाहें टिक गईं। वह टूटी हुई थी, उसके किनारों पर महीन दरारें थीं। लेकिन, आश्चर्य की बात यह थी कि उन दरारों को सुनहरी पट्टियों से जोड़ा गया था, बिल्कुल वैसे ही, जैसे जापान में 'किंत्सुगी' नामक कला में किया जाता है। दरअसल, किंत्सुगी कला में मिट्टी के बर्तनों के टूटे हुए टुकड़ों को सोने से जोड़ा जाता है, यह इस विचार पर आधारित है कि खामियों और कमियों को स्वीकार करके आप और भी मजबूत और अधिक सुंदर कलाकृति बना सकते हैं।

मैं थोड़ी देर तो उन्हें देखता रहा, लेकिन फिर पूछ ही लिया, "बाबा, यह प्याली टूटी हुई है.. आप इसमें चाय कैसे पी लेते हैं?"

एक मीठी और मंद-सी मुस्कुराहट उन्होंने मुझे तोहफे में दी। वह मुस्कान कुछ ऐसी थी, जो ढूँढे से भी न मिले.. ऐसी मुस्कान कैसे लाई जाए, उसका ज्ञान किताबों में भी न मिले, वह मुस्कान तो सिर्फ जीवन से अर्जित होती है। फिर उन्होंने मेरी ओर देखा और कहा, "बेटा, जो टूटा है, वही तो असली है अब।"

मैं चौंक गया। बाबा धीरे-धीरे बोलने लगे, "यह प्याली जब टूटी थी, तब इसे फेंका जा सकता था। लेकिन, किसी भले आदमी ने इसे फेंका नहीं, बल्कि जोड़ दिया। यह जुड़ाव सिर्फ बाहरी नहीं था, यह जुड़ाव था धैर्य का, ममत्व का और सबसे जरूरी- स्वीकार करने का। जो टूटते हैं, उनमें ही तो कला होती है फिर से जुड़ जाने की। और जो जुड़ते हैं, वो पहले जैसे कमजोर नहीं रहते। वो और मजबूर और गहरे हो जाते हैं, और पहले से ज्यादा सुंदर भी।"

उनकी बातों ने मेरे मन के भीतर के सारे गणित बदलकर रख दिए। हममें से अधिकतर लोग टूटने से डरते हैं। हार को, रिश्तों के बिखरने को, सपनों के चूर हो जाने को एक कमजोरी मानते हैं। लेकिन, उस महात्मा से दो क्षण बात करके मैंने जाना कि टूटना भी एक कला है और उसके बाद जुड़ना एक साधना।

हम सोचते हैं कि जो दरारें हैं, वे हमें बदसूरत बनाती हैं। लेकिन सच तो यह है कि वही दरारें हमें खास बनाती हैं। "हर दरार में कोई कहानी होती है, हमें उसे सुनना आना चाहिए", बाबा बोले।

"यह जो मिट्टी की प्याली है, इसे देखो... जब यह टूटी, तो यह किसी के लिए 'समाप्त' हो गई। लेकिन, किसी दूसरे व्यक्ति ने उसे त्यागा नहीं, उसे जोड़ा, उसकी दरारों को भरा और तब जाकर यह साधारण प्याली असाधारण बन गई। अब जब मैं इसमें चाय पीता हूँ, तो सिर्फ स्वाद नहीं आता, अनुभव आता है। मुझे भाव आता है टूटी चीजों से भी प्रेम करने का।" वे बोले।

मैं कुछ देर तक चुप रहा, जैसे उनके सामने कोई छोटा-सा बच्चा हूँ, जो किसी बड़े के समझाने पर सब कुछ शालीनता से समझने की कोशिश कर रहा है। फिर पूछा, "लेकिन बाबा, यदि कोई खुद ही टूट जाए, तो क्या वह भी खुद को फिर जोड़ सकता है?"

बाबा जैसे जानते थे कि मेरा सवाल यही होगा। वे मुस्कुराकर बोले, "क्यों नहीं बेटा? जो इंसान अपनी टूटन को स्वीकार करता है, वह उसे खुद जोड़ क्यों नहीं सकता? दूसरों की तुलना में वह उस बारीकी को जानता है कि वह टूटा कहाँ से है? तो जोड़ने की जरुरत कहाँ पर है, यह भी बखूबी जान सकेगा। समस्या तो तब होती है, जब हम दरारें छुपाना शुरू कर देते हैं।

जब हम सोचते हैं कि सब कुछ वैसा ही दिखना चाहिए जैसा पहले था। अब यह तो संभव ही नहीं है। हाँ, यह जरूर संभव है कि आप उस दरार को जितना खूबसूरती से भर सकते हैं, भरिए, लेकिन, लोग यह भी नहीं करते। यह टूटना तो सुअवसर है खुद को पहचाने का, खुद को समय देने का, खुद के साथ बात करने का, और सबसे विशेष खुद को नए अवतार में पेश करने का।"

उनकी बातों ने मेरे मन को पूरी तरह शांत कर दिया। हम सभी कभी न कभी टूटते हैं- कभी प्रेम में, तो कभी अपेक्षाओं में, कभी जिम्मेदारियों में, तो कभी उम्मीदों में। लेकिन, जो इन टूटनों को समझते हैं, उन्हें समय के साथ एक सुनहरा जोड़ भी मिल जाता है। और यही तो जीवन है। एक टूटी हुई प्याली, जिसमें भरे होते हैं अनुभव और स्वीकृति। जो कभी गिरा हो, वही तो उठने का मूल्य समझता है। जो कभी टूटा हो, वही जुड़ने की कला जानता है। और जो जुड़ गया हो, वह कभी किसी और को तोड़ने का दुस्साहस नहीं करता।

बाबा उठे, अपनी प्याली को थैले में रखा और मुस्कराते हुए बोले, "याद रखना, बेटा.. यदि कभी जीवन तुम्हें तोड़ दे, तो खुद को मत कोसो, बल्कि उस दरार को संजोने पर ध्यान दो, क्योंकि वहीं से तुम्हारी असल रोशनी बाहर निकलेगी।"
मैं कुछ नहीं कह सका, लेकिन इतना जरूर जान लिया कि कभी-कभी एक टूटी प्याली भी सम्पूर्ण जीवन का सार बता जाती है।

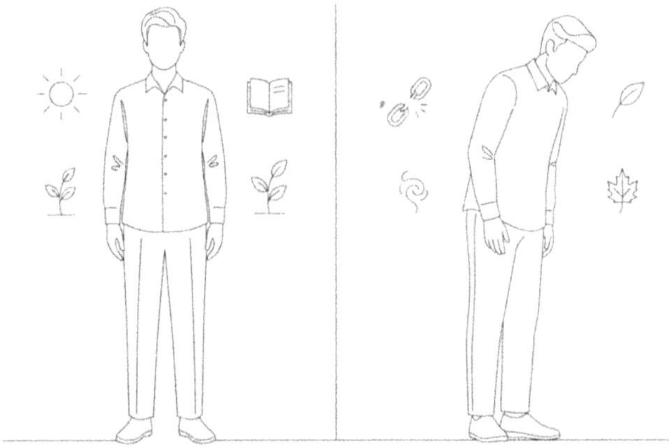

आदत आदत की बात है

05

आदत आदत की बात है

अच्छी आदतों से 'शक्ति' का जन्म होता है और बुरी आदतों से 'बर्बादी' का

आदत.. यह सिर्फ एक शब्द नहीं, बल्कि एक शक्ति है, जो इंसान को ऊँचाइयों तक ले जा भी सकती है और उसे बर्बादी के गहरे गर्त में धकेल भी सकती है। सच तो यह है कि आदतें ही हमें इंसान बनाती हैं, और आदतें ही हमें हैवान भी बना सकती हैं। कुल मिलाकर, हर आदत की अपनी एक पहचान होती है, और फिर यही पहचान हमें सिर्फ खुद से ही नहीं, बल्कि पूरे समाज से भी मिलती है। अच्छे कामों की आदतें अपनाने वाला इंसान समाज में अलग पहचान रखता है और खूब सम्मान पाता है, जबकि बुरी आदतें उसे सिवाए पतन के कहीं और नहीं ले जाती हैं, जहाँ न सिर्फ उसकी अपनी पहचान खत्म हो जाती है, बल्कि समाज में भी उसकी छवि एक खलनायक के समान बन जाती है।

आपने कभी गौर किया है कि समाज के वे लोग, जो जीवन में बड़ा नाम और कामयाबी हासिल करते हैं, उनमें क्या खास बात होती है? क्या वे कोई अलौकिक शक्तियाँ रखते हैं? नहीं, वे सिर्फ अपनी आदतों की वजह से ही सफल होते हैं। उनका सुबह का वक्त, उनकी जीवनशैली, किसी के काम आने की उनकी ललक, हँसकर बोलने का उनका स्वभाव, उनका आचरण, उनका बोल-चाल का सलीका, उनका सोचने का तरीका; यह सब आदतों का ही परिणाम होता है। ये आदतें ही उन्हें अपने लक्ष्य के करीब लाती हैं।

लेकिन दूसरी ओर, जब किसी इंसान की आदतें गलत दिशा में मुड़ जाती हैं, तो वह किसी भयानक मुसीबत का कारण बन सकती हैं। आदत ही एक व्यक्ति को इंसान बना सकती है और आदत ही है, जो उसे हैवान भी बना सकती है। यह वह शक्ति है, जिससे एक व्यक्ति की पूरे समाज में जय-जयकार होने लगती है, वहीं आदत से ही कुछ लोग अपनी कई पीढ़ियों को शर्मसार कर बैठते हैं। वे तरह-तरह के जुर्म करने लगते हैं। वे सीरियल किलर बन जाते हैं। फिर कुछ लोग एक के बाद एक बलात्कार करते हुए, न सिर्फ अपना चेहरा, बल्कि पहचान भी छिपाए फिरते हैं। मैं यह नहीं कहता कि हर व्यक्ति जान-बूझकर गलत आदतें अपनाता है, कई बार गलत परिस्थितियाँ भी इंसान को गलत आदत अपनाने पर मजबूर कर देती हैं।

आपने पान सिंह तोमर के बारे में तो सुना ही होगा न.. एक फौजी, जो पूरी दुनिया में अपनी दौड़ने की कला से जाना जाता था, जिसने राष्ट्रीय स्तर पर कई पदक जीते। फौजी बनने के लिए पान सिंह तोमर ने खूब पसीना बहाया। सुबह चार बजे जब लोग नींद में होते, तो वे खेतों में दौड़ते हुए कई किलोमीटर नाप चुके होते थे। कई महीनों की मेहनत के बाद उनका सपना साकार होने वाला था। सेना की भर्ती निकली और अच्छी कद काठी के कारण वे पहली कोशिश में ही सिपाही बन गए।

पान सिंह तोमर ने फौजी बनने के लिए कड़ी मेहनत की थी। उनकी इस मेहनत, अनुशासन शौक के तौर पर दौड़ने की आदत ने उन्हें एक उत्कृष्ट सैनिक और एथलीट बनाया। उन्होंने सात बार राष्ट्रीय स्टीपलचेज के चैम्पियनशिप जीती और 1952 के एशियाई खेलों में भारत का प्रतिनिधित्व भी किया। लेकिन, फिर परिवार के साथ भूमि विवाद और न्याय की अनदेखी ने उनके जीवन को पूरी तरह से बदल दिया। अफसरों के सामने कई बार गिड़गिड़ाए। फरियाद लेकर कलेक्टर के पास भी गए और दौड़ में जीते मेडल दिखाए। कलेक्टर ने मेडल जमीन पर फेंक दिए और उन्हें धक्के मारकर दफ्तर से बाहर निकलवा दिया।

कहीं से भी मदद न मिली। मायूस होकर जब घर लौटे, तो माँ की आँखों से बहते आँसू देख न सके। पान सिंह का खून खौल उठा। अब एक अनुशासित फौजी का कानून से भरोसा उठ गया। सालों तक देश के लिए पसीना बहाने वाला फौजी बदले की आग में जलने लगा; यहीं से पैदा हुआ एक खतरनाक डकैत पान सिंह तोमर। यहाँ पान सिंह तोमर गलत आदत का शिकार हो गए और गले के मैडल किनारे करके कँधे पर बन्दूक तान ली। बस फिर क्या ही होना था, जमीन हड़पने वाले परिवार के एक-एक सदस्य को पान सिंह ने गोलियों से भून डाला। अब तक पान सिंह तोमर चंबल के बीहड़ों का सबसे खूंखार डकैत बन चुका था। अब पूरा चंबल पान सिंह की दहाड़ से थर्राने लगा, वह बागी जो बन चुका था।

फौज की ट्रेनिंग ने तोमर को इतना मजबूत बना दिया था कि हर बार पुलिस को औंधे मुँह गिरना पड़ता। वह कहते हैं न "सौ सुनार की, तो एक लौहार की.."। एक दिन 500 से ज्यादा सुरक्षाबलों ने डकैत पान सिंह तोमर को चंबल में घेर लिया और सैकड़ों राउंड की फायरिंग में पान सिंह तोमर और उसके कई साथी मारे गए।

पान सिंह तोमर का विद्रोह एक ऐसी व्यवस्था के खिलाफ था, जिसने एक अनुशासित सिपाही और एक बेहतरीन धावक के नाम को मिट्टी में मिला दिया। एक गलत आदत ने देश के सपूत को बर्बादी की कगार पर लाकर खड़ा कर दिया। पान सिंह तोमर के इस उदाहरण से यह समझा जा सकता है कि आदतें हमें वही बना सकती हैं, जो हम चाहें।

आदतें ही हैं, जो हमारे जीवन की सबसे मजबूत ताकत होती हैं। चाहे हम अच्छा काम करें या बुरा, हमारी आदतें हमें उसी रास्ते पर ले जाती हैं। इसलिए, अपनी आदतों को समझें और उन्हें सही दिशा में लगाएँ, ताकि हम अपने जीवन को और अपने समाज को बेहतर बना सकें।

अनोखा इलाज..

06

अनोखा इलाज..

एक दिन पेट में दर्द-सा हुआ। उस दिन घर में कोई था नहीं और मुझे दवाइयाँ मिली नहीं और बाहर जाकर लाने की मेरी हिम्मत नहीं थी। सोचा कोई घरेलु नुस्खा ही अपनाया जाए। लेकिन क्या..? मुझे इसकी कोई जानकारी नहीं। तभी मन में ख्याल आया कि क्यों न यूट्यूब से ही कोई नुस्खा निकाला जाए। जैसे ही यूट्यूब पर पेट दर्द के लिए नुस्खा ढूँढा, मेरे सामने नुस्खों की लम्बी लिस्ट हाजिर हो गई। दो चार वीडियो भी देखे.. कोई कहता कि फलाना चीज़ खाएँ, तो कोई कहता ढिकाना चीज़ खाएँ। एक जिस चीज़ को फायदेमंद बताता, दूसरा उसे ही नुकसानदायक कह देता। बताए गए कुछ नुस्खों में कुछ चीज़ें तो ऐसी भी थीं, जो घर में आसानी से मिलना संभव भी नहीं, लेकिन बताया घरेलू नुस्खे में जा रहा था।

हर वीडियो में तुरंत राहत मिलने का दावा किया जाता। तुरंत राहत पाने की चाह में मैंने उस लम्बी-चौड़ी लिस्ट में से सबसे पहला वीडियो देखना शुरू किया, लेकिन राहत मिलने की जगह उस वीडियो ने मेरे धैर्य की और परीक्षा ले ली, क्योंकि बताया गया नुस्खा कोई सामान्य रूप से बताता, तो दो मिनट में आराम से बता सकता था, लेकिन वीडियो में नुस्खा बताने वाले जानकार ने मेरा स्वागत करने, अपने चैनल की जानकारी देने और लाइक, शेयर, सब्सक्राइब की माँग करने में ही शुरूआती दो-तीन मिनट निकाल दिए। दो वीडियो और देख.. लिए उस पर एक और समस्या यह कि हर वीडियो में एक नया नुस्खा, कौन-सा प्रयोग किया जाए, यह एक नया प्रश्न सामने खड़ा हो गया। हाल यह रहा कि दिमाग का दही हो गया। नुस्खे खोजने से पहले तक तो पेट में दर्द था, अब सिर में भी होने लगा। फिर इस उलझन में पड़ गया कि सिर दर्द के लिए नुस्खा खोजा जाए या पेट दर्द के लिए?

खैर, इस तरह करीब आधा घंटा गुजर जाने के बाद मुझे एहसास हुआ कि मैं तो पेट दर्द के नुस्खे खोजने के लिए यूट्यूब पर आया था और अब तक न जाने किन-किन विषयों पर ज्ञान प्राप्त कर चुका हूँ। राजनीति, धर्म, ज्योतिष और न जाने कितने ही विषयों की ताजा जानकारी मुझे मिल गई है, लेकिन जिस समस्या के समाधान के लिए आया था, बस वह ही नहीं मिल पाया है। लेकिन इतनी जानकरी का फायदा यह हुआ कि इतनी देर तक जब मैं यूट्यूब में व्यस्त था, मुझे पेट दर्द का भान तक नहीं था।

जहाँ दर्द के मारे एक-एक पल भारी पड़ रहा था, वहाँ आधा घंटा कहाँ छूमंतर हुआ पता ही नहीं चला। लेकिन, यह केवल क्षणिक सुख था। जैसे ही मैं यूट्यूब की दुनिया से निकलकर वास्तविकता में लौटा, दिमाग ने फिर याद दिला दिया कि दर्द अभी-भी बना हुआ है।

फिर सोचा क्या किया जाए, कुछ समझ न आने की स्थिति में सोचा भूखे रहने से तो कोई हल निकलेगा नहीं, तो कुछ खा ही लिया जाए। लेकिन फिर प्रश्न कि क्या खाया जाए..? पेट दर्द की स्थिति में बाहर का खाना उचित नहीं और पाक कला में मैं इतना माहिर नहीं कि बिना किसी मदद के कुछ बना लूँ.. फिर वही समाधान दिखा कि यूट्यूब की शरण में ही जाना पड़ेगा। लेकिन कुछ देर पहले ही यूट्यूब का अनुभव लेने के बाद अब फिर से अपने संयम और समय की आहुति देने की हिम्मत नहीं कर पाया, सो कच्चा-पक्का जो भी बन सके, वही बना कर खा लेना उचित समझा और यूट्यूब की इस कशमकश में बिना दवाई के ही पेट दर्द का इलाज हो गया। यूट्यूब इस तरह भी मददगार साबित होगा, कभी सोचा न था..

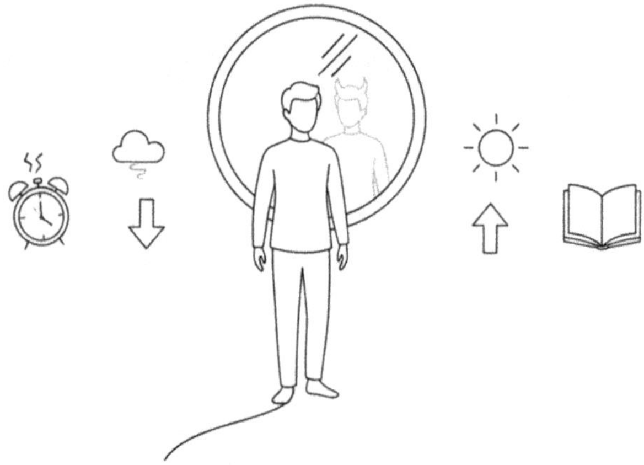

आप ही हैं अपने मददगार

07

आप ही हैं अपने मददगार

खुद में वह बदलाव लाएँ, जिसकी अपेक्षा आप दूसरों से कर रहे हैं....

जीवन एक ऐसी अनोखी पाठशाला है, जहाँ हर दिन कुछ नया सीखने का अवसर मिलता है। यह पाठशाला एक आम पाठशाला की तरह ही समय-समय पर परीक्षाएँ लेती है। और तो और आपकी मेहनत के अनुसार ही आपको अच्छे या बुरे परिणाम देती है। एक सामान्य पाठशाला में अपनी पढ़ाई के सफर में आपको कई लोग मिलते है, जो आपकी शैक्षणिक यात्रा में आपके साथी बनते हैं। कभी कोई सवाल समझ नहीं आया, तो शिक्षक से पूछ लिया, परीक्षा में पास होना था, तो दोस्तों की मदद ले ली, इस तरह साथियों और शिक्षकों की मदद से शैक्षणिक यात्रा तो हँसी-खुशी तय हो जाती है। लेकिन, जिंदगी की पाठशाला के नियम यहाँ थोड़े अलग हैं, क्योंकि इस यात्रा में आपके साथी केवल आप ही हैं.....।

अब इस बात से क्या मतलब, मतलब यह कि जीवन में केवल आपके लिए गये निर्णय और अपने लिए की गई मेहनत ही आपको सफल या असफल बना सकते हैं। इसलिए दुनिया में एक आप ही हैं, जो अपने आपको ऊपर उठा सकते हैं।

इंसान एक सामाजिक प्राणी है और बचपन से ही हम अपने हर काम के लिए किसी न किसी पर निर्भर रहते हैं। बचपन में माता-पिता, थोडा बड़े होने पर शिक्षक और दोस्त और फिर जीवनसाथी इसके अलावा हमारे जीवन में अस्थायी रूप से आए और भी कई लोगों पर हम किसी न किसी तरह निर्भर रहते हैं। यह निर्भरता हमें मानसिक रूप से इतना लाचार बना देती है कि जब बात अपनी सफलता और उन्नति की आती है। तब भी हम जाने अनजाने में ही सही हमारे आस-पास के लोगों और परिस्थितियों पर निर्भर होने लगते हैं और अपनी असफलता के लिए भी दूसरों को दोष देने लगते हैं। इसकी शुरुआत बचपन से ही हो जाती है; परीक्षा में नंबर कम आए तो टीचर ने अच्छा नहीं पढ़ाया, नौकरी नहीं लगी तो दोष कॉलेज का था, और जहाँ किसी को दोष नहीं दिया जा सकता वहाँ किस्मत ही खराब है। इस संकीर्ण विचारधारा का असर यह होता है कि व्यक्ति मन से इतना उदासीन हो जाता है कि उसमें अपने लिए भी कुछ करने की प्रेरणा नहीं रहती।

इसके चलते असफलता, निराशा हाथ लगती है और फिर हम अपने अलावा सभी को दोष देने लगते हैं। लेकिन, हमेशा क्या सारा दोष परिस्थितियों और दूसरों का ही होता है...। ज़रा विचार कीजिए...। क्या व्यक्ति अपनी किसी भी परिस्थिति का स्वयं जिम्मेदार नहीं...। आप स्वयं का आकलन कीजिए, जीवन में कभी न कभी यह आपने भी किया होगा। दूसरों के सिर दोष मढ़ने से आपने उस समय तो परिस्थिति संभाल ली। लेकिन, आप ही विचार कीजिए कि यह तसल्ली आपने दूसरों को दी या स्वयं को दी। क्या इससे किसी और का कुछ भला-बुरा हुआ..? नहीं, इसमें आपने सिर्फ अपना ही नुकसान किया। अपने मन को एक बहाना दे दिया और फिर उसी बने बनाए ढर्रे पर चल पड़े...।

यही कारण है कि आज सफल लोगों की संख्या कम है, क्योंकि हम अपने लिए काम करना ही नहीं चाहते। जीवन में यदि सफल होना है, तो वो केवल आप ही है, जो स्वयं को की मदद कर सकते हैं। निरंतर स्वयं पर काम करके ही खुद को सफल बनाया जा सकता है। इसके लिए सबसे पहले जरूरी है कि अपनी हर परिस्थिति की जिम्मेदारी स्वयं लीजिए, अपना आकलन कीजिए और अपनी कमी को पहचानकर उसे अपनी खूबी बनाने के लिए जुट जाइए। चाहे वह कमी बड़ी हो या छोटी, उस पर काम कीजिए। निरंतर खुद पर काम करके ही आप आगे बढ़ सकते हैं। याद रखिए कि जब तक आप खुद के बारे में गंभीर नहीं होंगे, तब तक कोई भी आपकी मदद नहीं कर सकता, फिर चाहे कोई आपका कितना ही बड़ा शुभचिंतक क्यों न हो।

ये केवल कहने कि बातें नहीं है, बल्कि इतिहास में ऐसे कई महान लोग हुए हैं, जिन्होंने अपनी कमियों पर काम करके और अपनी परिस्थितियों से लड़कर स्वयं को सफल बनाया है। इसकी प्रेरणा आप भारत के मिसाइल मैन और पूर्व राष्ट्रपति एपीजे अब्दुल कलाम के जीवन से ले सकते हैं। उनकी ही तरह अन्य महान लोग, जो जीवन में सफल हुए हैं, वे भी आपकी और मेरी तरह साधारण लोग ही है। इनमें और अन्य लोगों में बस अंतर इतना-सा है कि ये लोग अपने लिए सजग रहे, इन्होंने स्वयं को बेहतर बनाने और अपनी कमियों पर विजय पाने के लिए प्रयास किए और सफल हुए। यह कोई कठिन काम नहीं, सिर्फ और सिर्फ कमी है दृढ़ निश्चय की, ठान लेने कि की मैं अपनी राह खुद बनाऊँगा और मैं खुद का साथ कभी नहीं छोड़ूँगा।

और सब बढ़िया.....!

08

और सब बढ़िया.....!

सुख और दुःख, हमारे जीवन के दो पहिए हैं, दोनों की धुरी पर ही जीवन की गाड़ी चलती है। जीवन में जितना सुख आता है, उतना ही दुःख भी आता है। फिर भी हम सुख का स्वागत तो खुले दिल से करते हैं, लेकिन दुःख का नहीं....। जबकि हम भी जानते हैं कि जीवन में यदि सुख है, तो दुःख भी आएँगे ही। इसलिए परिस्थिति चाहे जैसी भी हो, हमारी एक ही विचारधारा होनी चाहिए कि सब बढ़िया है......!

हम सब जानते हैं कि दुनिया में ऐसा कोई व्यक्ति नहीं है, जो यह कह सके कि उसने जीवन में कभी दुःख नहीं देखा। हाँ, इस बात का रोना रोने वाले जरुर मिल जाएँगे कि जीवन में दुःख ही दुःख है। आप उन्हें अपना एक दुःख बताने जाएँगे, तो वो आपको अपने चार दुःख और सुना देंगे। लेकिन, आप ही विचार कीजिए कि क्या अपने दुःखों का रोना रोने से भला उसका कोई समाधान निकलता है....?

मेरे विचार से तो नहीं....., कहते हैं दुःख को जितना महसूस किया जाए यह उतना ही ज्यादा बड़ा लगता है। याद है बचपन में हमें छोटी-सी चोट लग जाती थी, तो हम पूरा घर सिर पर उठा लेते थे। आज बड़े-बड़े दुःखों को भी चुपचाप अकेले ही सह जाते हैं। इसलिए ही दुःख को आप जितना महसूस करेंगे यह उतना ही बड़ा लगने लगेगा। लेकिन, मन में सकारात्मक विचारधारा रखेंगे, तो बड़े-बड़े दुःखों और संकटों से आसानी से उबर जाएँगे।

ऊपर से आज का जमाना भी ऐसा नहीं है कि हर किसी को अपना दुःख बताया जाए, क्योंकि आपके दुःख में सच में आपके साथ खड़े होने वाले लोग कम ही मिलेंगे। यह मैं नहीं बल्कि सैकड़ों वर्ष पहले महान कवि रहीम कह गए हैं।
रहीम अपने एक दोहे में कहते हैं:

"रहीमन निज मन की ब्यथा मनही राखो गोय,
सुन अठिलैहें लोग सब बाँट न लैहे कोय"

जिसका हिंदी में अर्थ है कि अपने मन की व्यथा मन में ही रखना चाहिए, क्योंकि आपकी व्यथा सुनकर लोग मजे ही लेंगे उन्हें आपके साथ बाँटेगा कोई नहीं।

इसलिए सुखी जीवन जीने के लिए अपने दुःखों को हमेशा छोटा और सुखों को बड़ा रखें। यकीन मानिए, यह एक छोटी-सी आदत अपने व्यवहार में शामिल करने से आपके जीवन की आधी परेशानियाँ तो अपने-आप ही खत्म हो जाएँगी। मनोविज्ञान भी यही कहता है कि जब व्यक्ति किसी क्षणिक दुःख को भी लगातार सोचता रहता है, तो उसका दिमाग शिथिल होने लगता है और वह अपने दैनिक जीवन की उझानों को भी सुलझा नहीं पाता है। इस तरह वह परेशानियों के जाल में फँसता चला जाता है, जबकि छोटी-छोटी खुशियों में खुश रहने वाला व्यक्ति अपने बड़े-बड़े दुःखों और परेशानियों को भी बड़ी कुशलता और शांति के साथ हल कर लेता है।

आध्यात्म की विचारधारा के अनुसार जीवन में वही होता है, जो हम मान रहे होते हैं। यदि हम मन से यह मान लेंगे कि जीवन में दुःख ही दुःख है, तो हम और दुःखों को ही आकर्षित करेंगे। वहीं यदि मन में विश्वास रखें कि अच्छा समय है और जो छोटे-मोटे दुःख हैं, ये भी बीत ही जाएँगे, तो जीवन सुखी लगने लगेगा और आप और सुखों को आकर्षित करेंगे। इसलिए सुख हो या दुःख हमेशा सकारात्मक रहें और जब कोई आपसे आपका हाल पूछे, तो एक मुस्कान और सकारात्मकता के साथ कहें कि और सब बढ़िया........

भाग्यशाली मैं....

09

भाग्यशाली मैं....

आजकल जीवन जीने का ढंग किसी राजा महाराजा जैसा हो गया है। जब से स्मार्ट फोन लिया है एक अलग ही अनुभूति होती है। सुबह उठते ही न जाने कितने गुड मॉर्निंग और सुप्रभात के मैसेज राह देखते हैं, जैसे मेरी प्रभात के शुभ हुए बिना तो मेरे मित्रों का दिन ही नहीं निकलेगा। फिर इतनी इज्जत पाकर जो अनुभूति होती है, उसकी बात ही अलग है। फिर यह दौर सारा दिन चलता है। कभी कोई देवी-देवताओं के दर्शन का लाभ देता है, तो कोई प्रवचन और उपदेश देता है, तो कोई फ्रॉड से बचने के तरीके बताता है। इन सभी मैसेजेस को पाकर विचार आता है कि हर किसी को कितनी चिंता है मेरी और फिर अपने-आप को भाग्यशाली मानने का मन करता है।

बात सिर्फ यहीं खत्म नहीं होती.. इसके अलावा व्हॉट्सऐप यूनिवर्सिटी में सारा दिन ज्ञान मुफ्त में बँटता रहता है। यहाँ ज्ञानी लोग सारा दिन इतिहास, भूगोल, अर्थशास्त्र, समाजशास्त्र, राजनीति विज्ञान, नैतिक शिक्षा, दर्शनशास्त्र और न जाने कितने सुने-अनसुने विषयों पर व्याख्यान देते रहते हैं। लेकिन, मेरे शुभचिंतक भी इतने ईमानदार हैं कि वे कोई भी ज्ञान अपने तक सीमित नहीं रखते हैं। वे याद से मेरे साथ यह सारा ज्ञान बाँटते हैं, ताकि इस ज्ञान से मैं वंचित न रह जाऊँ। अब बताइए इस बात पर स्वयं को किस्मत वाला मानूँ या नहीं.....।

सौ साल जीने के नुस्खे से लेकर खाने-पीने के तरीकों तक, सारा दिन मुझे इन सब का ज्ञान तो दिया ही जाता है। फिर रात में भी जब तक मेरे हितैषी मुझे शुभरात्रि कहकर, मेरी रात्रि शुभ होगी यह सुनिश्चित नहीं कर लेते हैं, वे सोते नहीं हैं। इस पर महाराजाओं जैसा अनुभव न हो, तो और क्या होगा, आप ही बताइए। यह तो बात हुई रोजमर्रा की, लेकिन त्यौहारों और जन्मदिन पर तो जैसे शुभकामनाओं की झड़ी-सी लग जाती है। हर कोई मेरे सौ साल जीने की कामना करता है। इनमें कुछ जानने वाले तो ऐसे भी होते हैं, जिन्होंने पूरे साल भले ही कई बार मेरा ब्लड प्रेशर बढ़ाया हो, लेकिन वे भी लम्बी उम्र की कामना करते दिखाई देते हैं।

इतना परोपकार देखकर एक बार मेरे मन में भी ऐसा ही विचार आया कि जो ज्ञान मुझे बाँटा जा रहा है, उसे अपने तक रखना तो कोई बात नहीं होती।

इस ज्ञान को आगे बढ़ाना चाहिए। इस बीच किसी ग्रुप में मैसेज आया कि नए साल में दुर्लभ संयोग बनने वाला है। ऐसा अद्भुत साल न पहले कभी आया था, न भविष्य में कभी आएगा। बस फिर क्या था, दूसरों पर अपनी विद्वत्ता का रुआब झाड़ने के लिए मैंने भी तुरंत दस-बीस ग्रुपों में उसे फॉरवर्ड कर दिया। फिर ख्याल आया कि मैं अपने ज्ञान की धाक जमाने के साथ कितने लोगों को इस दुर्लभता का ज्ञान देने का महती कार्य कर रहा हूँ। फॉर्वर्डेड मैसेज को फॉर्वर्ड करके कितनी संतुष्टि और गर्व का अहसास होता है, इसे कोई मैसेज फॉर्वर्ड करने वाला ही समझ सकता है। उस दिन समझ में आया कि मेरे मित्रगण जो मुझे मैसेज फॉर्वर्ड करते हैं, उस समय उनकी मनोदशा क्या रहती होगी।

खैर, ऐसा परोपकारी काम कितनी तेजी से फैलता है, इसका अनुभव भी तुरंत ही हो गया। कुछ घंटों में ही वही मैसेज फिर मेरे मोबाइल में फॉर्वर्ड होकर आ गया। यहाँ यह जानकारी पहले से पता होने पर मैं गर्व कर ही रहा था कि कुछ ही देर बाद ही मेरी होशियारी का यह भ्रम तोड़ते हुए, मेरे एक मित्र ने कहा कि हर साल नया साल ही आता है, जो न पहले कभी आया था, न आगे कभी आएगा। यह एक स्वाभाविक प्रक्रिया है और प्रतिवर्ष घटित होती है। उसके यह कहने पर मैंने भी थोड़ा दिमाग लगाया और सोचा कि बात तो सही है। इस पर अपनी समझदारी पर मुझे ही शर्मिंदगी-सी हुई कि मैसेज भेजने से पहले उस पर कम से कम विचार तो करना था। लेकिन, मैसेज फॉर्वर्ड करने की हमें इतनी जल्दी होती है कि हम उस पर एक बार विचार तक नहीं करते हैं। तब से मैंने निश्चय किया कि व्हॉट्सऐप यूनिवर्सिटी का ज्ञान और भाग्यशाली होने का यह भान अब अपने तक ही रखूँगा....

शब्दों में शक्ति तभी होगी,
जब सोच में गहराई होगी..

10

शब्दों में शक्ति तभी होगी, जब सोच में गहराई होगी..

"एक लेखक की सबसे बड़ी पूँजी उसकी सोच होती है। शब्द तो केवल उस सोच का माध्यम होते हैं।"

एक शाम मैं अपनी बालकनी में सुकून से बैठा था। बड़े दिनों बाद ऐसा मौका मिला था, जब हाथ में एक बढ़िया किताब और पास में गर्मागर्म चाय थी। लेखक ने किताब में अपनी विचारधारा को कुछ इस तरह पिरोया था कि किताब बीच में छोड़ने का मन ही नहीं कर रहा था। लेखन कौशल के साथ ही लेखक के विचार मुझे इतने प्रभावित कर गए कि किताब खत्म होते-होते तक मैं लेखक के विचारों को ही अपने विचार मानने लगा। यही होता है किसी के विचारों का प्रभाव..।

और जब बात किसी लेखक की हो, तब यह और भी महत्वपूर्ण हो जाता है कि उसकी विचारधारा कितनी गहरी और प्रभावशाली है।

लेखन और विचारधारा का संबंध ऐसा है, जैसे शरीर और आत्मा का। बिना आत्मा के शरीर केवल एक निर्जीव वस्तु है, उसी प्रकार बिना गहरी सोच के लेखन केवल शब्दों का खेल बन कर रह जाता है। एक लेखक का लेखन तभी प्रभावशाली होता है, जब उसमें उसकी सोच की गहराई झलकती है। जब वह अपनी सोच को अपने लेखन में समाहित करता है, तब उसका लेखन न केवल साहित्यिक रूप से समृद्ध होता है, बल्कि समाज को एक नई दिशा भी देता है।

यह समृद्ध विचारधारा केवल कुछ किताबें पढ़ लेने से विकसित नहीं होती है, बल्कि यह विकसित होती है जीवन के अनुभवों से, आस-पास के वातावरण से, विभिन्न विचारों के लोगों से बातचीत करने और चीजों को परखने से। जब व्यक्ति इन अनुभवों को सुंदर शब्दों में ढालने की कला में माहिर होता है, तब वह लेखक कहलाता है। एक लेखक हर परिस्थिति के प्रति संवेदनशील होता है। वह हर परिस्थिति को आम लोगों से अलग नजरिए से देखता है। वह केवल किसी विषय पर दो-चार बातें करके उन्हें भूलता नहीं है, बल्कि उनसे अपने विचारों का निर्माण करता है, और उन विचारों को कुछ इस तरह शब्दों के साथ बुनता है, जिससे समाज को एक नया दृष्टिकोण मिल सके।

इसी संवेदनशीलता और दृष्टिकोण ने मुझे भी एक लेखक के रूप में गढ़ा है। मैंने अपनी 'दिल से' सीरीज की 7 किताबें लिखीं है, और इस यात्रा की प्रेरणा मुझे अपने आस-पास के वातावरण से ही मिली है। समाज में फैली अव्यवस्था, भुखमरी, गरीबी और अशिक्षा के प्रति मेरी गहरी संवेदनशीलता ने मुझे लिखने के लिए प्रेरित किया है। अपने शब्दों और विचारों के माध्यम से मैं समाज में बदलाव की उम्मीद करता हूँ, ताकि इन ज्वलंत मुद्दों पर लोगों का ध्यान आकर्षित कर सकूँ और एक बेहतर भविष्य की दिशा में कदम बढ़ा सकूँ।

इतिहास में भी ऐसे कई लेखक हुए हैं, जिन्होंने अपनी सोच से समाज को नई दिशा दी। उदाहरण के लिए, महात्मा गांधी को ही लें। उनकी सोच ने न केवल भारत के स्वतंत्रता संग्राम को दिशा दी, बल्कि पूरे विश्व को अहिंसा और सत्याग्रह का पाठ पढ़ाया। गांधी जी के लेखन में उनकी गहरी सोच और समाज के प्रति उनकी संवेदनशीलता स्पष्ट रूप से झलकती है। उनके लेखन का प्रभाव इतना गहरा था कि आज भी उनके विचार लोगों को प्रेरित करते हैं। इसी तरह, भारत के प्रसिद्ध लेखक प्रेमचंद की कहानियों और उपन्यासों ने भारतीय समाज को एक नई दिशा दी। उनकी सोच ने न केवल हिंदी साहित्य को समृद्ध किया, बल्कि समाज को भी जागरूक किया। उनकी कहानियाँ, जैसे- गोदान और गबन ने समाज में व्याप्त विसंगतियों को उजागर किया और उन्हें सुधारने की दिशा में प्रेरणा दी।

मेरा मानना है कि लेखक का काम केवल कहानियों या कविताओं के माध्यम से पाठकों का मनोरंजन करना नहीं होता। उसका असली उद्देश्य इससे कहीं अधिक गहरा होता है। एक सच्चा लेखक समाज का दर्पण होता है, जो समाज में फैली समस्याओं, विसंगतियों और अन्याय को उजागर करता है। जब वह समाज की वास्तविकताओं को अपने लेखन में व्यक्त करता है, तब वह पाठकों के दिल और दिमाग को छूता है। इसलिए, एक अच्छे लेखक को केवल लिखने पर नहीं, बल्कि अपनी सोच को भी विकसित करने पर ध्यान देना चाहिए, क्योंकि वही गहरी सोच उसके लेखन को जीवन दे सकती है और समाज में सकारात्मक बदलाव का माध्यम बन सकती है।

एक लेखक की सबसे बड़ी शक्ति उसकी सोच होती है। जब सोच में गहराई होती है, तो शब्दों में स्वतः ही शक्ति आ जाती है। यह शक्ति न केवल लेखन को प्रभावशाली बनाती है, बल्कि समाज को एक नई दिशा देने की क्षमता भी रखती है। इसी सोच और शब्दों की ताकत से हम एक बेहतर समाज की नींव रख सकते हैं।

शुरुआत कहाँ से करें?

11

शुरुआत कहाँ से करें?

शुरुआत कहाँ से करें? शायद वहीं से जहाँ हम अक्सर ठिठक जाते हैं.. शायद वहीं से, जहाँ पहली बार किसी की बात ने भीतर तक चुभा दिया था, और हम चुपचाप मुस्कुरा दिए थे, ताकि किसी को महसूस न हो कि भीतर तक सब कुछ हिल चुका है। जहाँ हम पहली बार कमज़ोर कहे गए थे और हमने ऊपर से अनसुना कर दिया था, लेकिन भीतर एक दरार-सी बन गई थी। वह लम्हा याद है, जब लगा था कि सब भाग रहे हैं, और हम जैसे वहीं अटके-से रह गए हैं.. न तो आगे जा सकें, और न ही पीछे को लौट सकें। कमज़ोरी कोई ताज पहनकर नहीं आती, वह तो अक्सर खामोशी से हमारे भीतर उतरती है, जैसे किसी को बिना बताए कोई किराएदार घर में रहने लग जाए। धीरे-धीरे वो हमारी सोच में बस जाती है, हमारे फैसलों में दिखने लगती है और फिर एक दिन हमारी पहचान बन बैठती है।

लेकिन, यहाँ एक बहुत बड़ा सवाल उठता है कि क्या हमारी पहचान वाकई हमारी कमज़ोरी से तय होती है? नहीं। असल में, कमज़ोरी तो वह जगह है, जहाँ से हमारी असली यात्रा शुरू होती है। हाँ, शुरुआत में वो जगह अंधेरी लगती है, डरावनी लगती है, लेकिन यदि आप यह बात समझ गए, तो मानो बहुत कुछ मिल गया, क्योंकि यहीं पर खुद से मिलने की गुँजाइश सबसे ज्यादा होती है। हम अक्सर सोचते हैं कि ताकत वही होती है, जो दिखती है, जो ऊँची आवाज़ में बोले, जो मंच पर खड़ा हो जाए, जो तेज़ दौड़ सके। लेकिन, कभी किसी को बिना बोले भी ताकतवर होते देखा है? किसी की चुप्पी में कभी गरज सुनी है? कई बार जो टूटा होता है, वही सबसे मजबूत हो जाता है, क्योंकि उसे दोबारा खुद को जोड़ना आता है।

फ्रिदा काहलो की ज़िंदगी ऐसी ही थी.. पीड़ा से भरी, लेकिन रंगों से लिपटी हुई। पोलियो से झुका शरीर, सड़क दुर्घटना में टूटे अंग और महीनों उसे बेबस पड़े रखने के लिए तैयार बिस्तर.. लेकिन बिस्तर पर लेटी उस लड़की ने जो चित्र रचे, वो आज भी अपने पैरों पर खड़े लोगों की सोच से कहीं आगे हैं। उसकी तस्वीरें कोई खूबसूरती नहीं बयाँ करतीं, वे दर्द की भी सुंदरता दिखाती हैं.. ऐसी सुंदरता, जो सतह से नहीं, आत्मा से उपजती है। उसने न ही अपनी कमज़ोरी को छिपाया और न ही अपनी किस्मत या बेबसी पर वह रोई, उस लड़की ने तो चित्रों में रंग भरकर अपनी बेरंग ज़िंदगी को भी रंग लिया और उसे ही अपनी पहचान बना लिया।

फ्रिदा काहलो और कोई नहीं, बल्कि मेक्सिको की एक महान चित्रकार थीं, जिनकी पहचान उनकी रंगों से भरी लेकिन दर्द से उपजी पेंटिंग्स हैं। बचपन में पोलियो और फिर एक भयानक बस एक्सीडेंट के बाद उनका शरीर तमाम तकलीफों से गुज़रा, लेकिन उन्होंने अपने दर्द को ही अपनी कला की सबसे बड़ी प्रेरणा बना लिया। उनकी पेंटिंग्स आज भी आत्म-स्वीकृति, संघर्ष और स्त्री-स्वर की सबसे बुलंद आवाज़ मानी जाती हैं।

हर बार जब हम सोचते हैं कि काश हम थोड़े और अच्छे होते, थोड़े और मजबूत, तो हमें याद रखना चाहिए कि दुनिया की सबसे बड़ी मिसालें उन्हीं दरारों से निकली हैं, जिन्हें हम कमजोरी कहते हैं। थॉमस एडीसन को पूरी दुनिया बल्ब के आविष्कारक के रूप में जानती है। लेकिन, कभी एक दौर ऐसा भी था, जब स्कूल ने उन्हें निकाल दिया था, क्योंकि शिक्षकों को लगता था कि वो कुछ समझ ही नहीं सकते। 'कमअक्ल' कहा जाने वाला वही बच्चा, आगे चलकर अंधेरे में उजाला लाने वाला महान वैज्ञानिक बना। आज उन्हें न सिर्फ बल्ब के लिए, बल्कि फोनोग्राफ और मोशन पिक्चर कैमरा जैसे कई आविष्कारों के रूप में भी याद किया जाता है, और उनके 1,000 से भी ज्यादा पेटेंट्स विज्ञान की दुनिया की नींव हैं।

हेलेन केलर न देख सकती थीं, न सुन सकती थीं, लेकिन उनकी आवाज़ आज भी पूरी दुनिया में गूँजती है। उन्होंने न सिर्फ शिक्षा प्राप्त की, बल्कि विकलांगों के अधिकारों के लिए ज़िंदगी भर काम किया। वे एक सामाजिक कार्यकर्ता, लेखिका और वक्ता बनीं। उन्होंने साबित किया कि जब इरादे मजबूत हों, तो हर दीवार के पार रास्ता निकल ही आता है।

निक वुयचिच जो एक ऑस्ट्रेलियाई-अमेरिकी ईसाई प्रचारक और प्रेरक वक्ता हैं, उनके पास न हाथ हैं, न पैर, लेकिन जब वे मंच पर खड़े होते हैं, तो लाखों लोग अपनी हिम्मत फिर से तलाशने लगते हैं। और मिस्टर बीन.. यह एक ऐसा किरदार है, जिसने पूरी दुनिया को बिना बोले बेबाक हँसी की सौगात दी। लेकिन क्या आप जानते हैं कि इस किरदार को निभाने वाले रोवन एटकिंसन को बचपन से ही बोलने में दिक्कत थी? उन्हें स्टैमर था, वे अपने जीवन में कई बार हँसी के पात्र बने। लेकिन उन्होंने अपनी इसी कमजोरी को अपनी सबसे बड़ी ताकत बना लिया और बन गए कॉमेडी की दुनिया का बेताज बादशाह। इन उदाहरणों में से किसी की भी कहानी परफेक्ट नहीं थीं। लेकिन, शायद परफेक्शन की जरूरत ही नहीं होती। जरूरत होती है, तो सिर्फ और सिर्फ उस हिम्मत की, जो अधूरी शुरुआत को भी एक मुकम्मल मिसाल बना दे। असल बात यह है कि कमज़ोरी हमें तोड़ती नहीं है, वह तो हमारे पास सिर्फ और सिर्फ यह सवाल करने आती है कि 'अब क्या?' और जब हम उस सवाल का जवाब ढूँढने निकलते हैं, तब एक नया रूप बनता है.. वह रूप, जो बाहरी आवाज़ों का मोहताज नहीं होता.. जो किसी की मंज़ूरी पर नहीं टिकता। वह तो आत्मबल है, जो हमारे भीतर से ही आता है।

असल बात यह है कि कमज़ोरी हमें तोड़ती नहीं है, वह तो हमारे पास सिर्फ और सिर्फ यह सवाल करने आती है कि 'अब क्या?' और जब हम उस सवाल का जवाब ढूँढने निकलते हैं, तब एक नया रूप बनता है.. वह रूप, जो बाहरी आवाज़ों का मोहताज नहीं होता.. जो किसी की मंज़ूरी पर नहीं टिकता। वह तो आत्मबल है, जो हमारे भीतर से ही आता है।

इसलिए जब अगली बार भीतर से आवाज़ आए कि 'मैं कमज़ोर हूँ', तो उस आवाज़ को चुप न कराइए। उसे सुनिए, समझिए और फिर उसी जगह से अपने जीवन की नई शुरुआत कीजिए.. क्योंकि ज़िंदगी में सबसे बड़ा परिवर्तन वहीं से आता है, जहाँ हमारी सबसे सच्ची आवाज़ दबाई गई थी.. जहाँ पहली बार आँसू रोकने के लिए हमें मुस्कुराना पड़ा था.. जहाँ 'कमज़ोर' शब्द पहली बार चुभा था.. क्योंकि शायद वहीं से आपको आपकी सबसे बड़ी ताकत मिलने वाली है।

'मैं' सिर्फ एक शरीर तक सीमित नहीं

12

'मैं' सिर्फ एक शरीर तक सीमित नहीं

सर्दियों की एक शांत-सी सुबह में, मुझे अपने विचारों के साथ कुछ सुखद पल खुद के साथ बिताने का सुअवसर मिला। चारों ओर कुहासा पसरा था, जैसे समय खुद किसी तपस्वी की तरह मौन साधे बैठा हो। मन उसी मौन में कहीं भीतर उतर गया था कि तभी एक प्रसंग की बेशकीमती स्मृति मेरे मन में दस्तक देती है, जो कभी मैंने अपने कॉलेज के दिनों में अपने एक प्रोफेसर से सुना था। यह प्रसंग रामकृष्ण परमहंस जी और विवेकानंद जी की अंतहीन गहराइयों से भरी हुई बातचीत का है, जो सिर्फ एक बीमारी की कथा नहीं, बल्कि त्याग, समर्पण और दिव्यता की जीवंत मिसाल है।

रामकृष्ण परमहंस, जिनके जीवन की हर साँस में माँ काली की भक्ति समाई हुई थी, जब गले के कैंसर जैसी गंभीर बीमारी से जूझ रहे थे, उस समय उनका शरीर धीरे-धीरे टूट रहा था, लेकिन मन इस हानि का मोहताज नहीं था, शायद इसलिए, क्योंकि वह तो हँसी के वात्सल्य में डूबा हुआ था। एक ओर गले से पानी भी नहीं उतरता, भोजन भी नहीं जाता, और दूसरी ओर हँसी उस पीड़ा को इस तरह ओढ़े रहती थी, जैसे कोई साधु बर्फ के बीच ध्यानस्थ बैठा हो, बिल्कुल निर्विकार एवं निर्लिप्त।

जब शिष्य विवेकानंद ने देखा कि गुरुदेव इस असहनीय पीड़ा में भी कुछ नहीं माँगते, तो उनके भीतर का शिष्यत्व बड़ा ही बेचैन हो उठता। कई सारे प्रश्न मन में हिंडोले खा उठते कि इतना सहज आखिर कैसे कोई रह सकता है। बड़ी ही विनम्रता से एक दिन उन्होंने अपने गुरु से आग्रह किया, "माँ से अपने लिए कुछ माँग लीजिए न! सिर्फ इतना कि आप पानी तो पी सकें। हमें बड़ा असह्य कष्ट होता है आपकी यह दशा देखकर।"

लेकिन, इसके विपरीत रामकृष्ण परमहंस मुस्कुरा दिए। वह मुस्कान वैसी ही थी, जैसी किसी संत की होती है, जहाँ शब्दों की जरूरत नहीं रहती, मौन में ही सारे उत्तर मिल जाया करते हैं। कुछ हद तक उनकी प्रतिक्रिया ऐसी थी, जैसे कोई पिता हो, जो अपने बालक की चिंता देखकर भी उसकी बात मान नहीं पाता। और फिर बोले, "अपने द्वारा किया गया जो भी काम है, उसका निपटारा कर लेना बहुत जरूरी है। जो हो रहा है, उसे हो जाने देना ही उचित है। उसमें कोई भी बाधा डालना उचित नहीं है, नहीं तो फिर से आना पड़ेगा।"

शब्द साधारण-से थे, लेकिन उनके अर्थ की गहराई समुद्र से भी अधिक। उन्होंने बताया, "जीवन में जो कुछ भी हमारे हिस्से आया है- सुख, दुःख, पीड़ा, वह किसी अन्य की देन नहीं, हमारी ही चुनी हुई राह है। और जब तक हम अपने कर्मों से पूर्ण रूप से निपट नहीं लेते, तब तक मुक्ति संभव नहीं।"

यह सुनकर नरेन्द्र कुछ पल शांत रहे, लेकिन मन पूरी तरह संतुष्ट नहीं हो सका। वे फिर बोले, "कम से कम इतना ही कह दीजिए कि भोजन कर सकें.."

गुरुदेव फिर मुस्कुराए, इस बार थोड़ी शरारत के साथ, जैसे कोई सूफी फकीर हो, जो जीवन के रहस्यों से खेलता है। उन्होंने कहा, "अच्छा ठीक है, आज माँ से कहूँगा।"

अगली सुबह, सूरज की पहली किरणों के साथ ही परमहंस की कुटिया में ठहाकों की आवाज़ गूँज उठी। वे ऐसे हँस रहे थे, जैसे कोई बच्चा कोई अद्भुत रहस्य पा गया हो। नरेंद्र पास आए, और उनके चेहरे पर आश्चर्य की रेखाएँ उभर आईं। "क्या हुआ, गुरुदेव?", उन्होंने पूछा।

"आज तो बड़ा मज़ा आया रे नरेन्द्र!" रामकृष्ण ने कहा, "मैंने माँ से कहा कि मेरा गला ठीक कर दो, मेरे गले से पानी भी नीचे नहीं उतर रहा है, भोजन पा पाना तो बहुत दूर की बात है। माँ बोली, इसी गले से भोजन करने का ठेका ले रखा है क्या? दूसरों के गलों से भोजन करने में तुझे क्या तकलीफ है?"

वे फिर हँस पड़े और बोले, "तेरी बातों में आकर मुझे भी बुद्धू बनना पड़ा। अब जब तू खाएगा, समझना मैं तेरे गले से भोजन पा रहा हूँ।"

इस सरल कथन में जो गहराई छुपी थी, वह सिर्फ और सिर्फ एक महान आत्मा ही समझा सकती है। इसे सिर्फ 'दार्शनिक उपदेश' के नाम की जंजीर में जकड़ना ही काफी नहीं था, और न ही यह आत्मदया से उपजी कोई विवशता थी। यह तो स्वीकृति थी उस आत्मा की, जिसने अपने व्यक्तिगत अस्तित्व की सीमाओं की अमर जड़ें पूरी सृष्टि में फैला दी थी।

अब उनका 'मैं' सिर्फ एक शरीर तक सीमित नहीं था, क्योंकि अब वह हर उस गले में समा चुका था, जो भोजन करता है। वैद्य जी आए। उन्होंने परमहंस की हालत देखी और चौंकते हुए बोले, "आप हँस रहे हैं? जबकि आपकी हालत इतनी पीड़ादायक है कि इससे अधिक कष्ट शायद ही संभव है।" परमहंस जी ने वैद्य जी को पूरी बात सुनाई और बोले, "मैं इस बात पर हँस रहा हूँ कि मेरी भी क्या बुद्धि थी.. यह विचार मुझे पहले क्यों नहीं आया कि सभी गले मेरे अपने ही हैं? तो फिर इस एक गले की क्या जिद करना है?

कितना सहज, कितना विराट और कितना सुंदर उत्तर है। यह प्रसंग हर दर्द का मर्ज़ है। यह हमें सिखाता है कि हममें से अधिकतर लोग जब शरीर की मामूली पीड़ा भी झेलते हैं, अपने सिर पर शिकायतों का पुलिंदा ढोए चलते हैं, और थोड़ा-थोड़ा करके गिराते चले जाते हैं कभी ईश्वर पर, कभी किस्मत पर, तो कभी समाज पर। लेकिन, रामकृष्ण परमहंस ने अपनी देह की भीषण यातना को हँसी में बदल देते हैं।

यही तो है संतत्व की पराकाष्ठा। रामकृष्ण का जीवन कहता है कि संत वही है, जो अपने लिए कुछ नहीं रखता। जो अपने कष्टों से मुक्त होने के लिए प्रार्थना भी नहीं करता, बल्कि कहता है, "यदि ईश्वर की मर्ज़ी है, तो यह पीड़ा भी प्रसाद है।" खुद के लिए उनका कोई प्रयोजन नहीं होता, क्योंकि उनका 'स्व' यानि 'मैं' तो सृष्टि में घुल चुका होता है।

जब आत्मा विश्वात्मा से एकाकार हो जाती है, तो फिर माँगने की जरूरत ही नहीं रहती। फिर न कोई अपना होता है, न पराया, सभी गले अपने हो जाते हैं, सभी दुःख साझे हो जाते हैं। संतों की यही खास बात होती है कि वे हमें सिखाते हैं; माँगना बंद कर दो, और देना शुरू करो। और जिस दिन तुम सचमुच कुछ नहीं माँगते, तभी तुम्हें वह सब मिल जाता है, जिसकी कभी कल्पना भी नहीं की थी, क्योंकि जिनके पास कुछ नहीं होता, उनके पास सब कुछ होता है।

समाचार पत्रों से

मन के हारे हार है, मन के जीते जीत

अतुल मलिकराम

एक किसान की कहानी है। सूखे की वजह से बार-बार उसकी फसल नष्ट हो जाती थी। गाँव के लोग अक्सर उसे ताने दिया करते थे, तू खेती करता है, इसलिए ही तेरे खेत में बार-बार सूखा पड़ता है। तू खेती छोड़ दे, भगवान तुझे नहीं देख रहा.

कई साल वही ताने सुनते-सुनते गुजर गए. हर साल वह बुआई करता.. खूब मेहनत करता.. फसलों की खूब देख-रेख करता और कहता, मैं नहीं जानता कि बारिश कब होगी, लेकिन मैं यह जरूर जानता हूँ कि जैसे यह सूखा हार नहीं मान रहा, वैसे ही मैं भी हार नहीं मानूँगा। सूखा आता और उसकी सारी फसल बर्बाद कर देता.

दोनों में से किसी एक की हार तो होनी ही थी, सो फिर क्या था.. हर बार किसान हारता था.. इस बार सूखा हार गया.. कारण कि एक दिन खूब बारिश हुई। खेत लहलहा उठे। अबकी बार गाँव के लोग कहते हैं, भाग्य ने खूब साथ दिया, तू तो बड़ा किस्मत वाला है, जो पूरे गाँव में तेरी फसल सबसे अधिक हुई। तो कोई कहता, किस्मत वाला है, वरना इतने सालों तक सूखे में कोई नहीं टिक पाता।

लेकिन, सच्चाई यह थी कि उसने अपने मन को हारने नहीं दिया था। यही जीवन का सत्य है। यदि हम हालातों के ठीक होने का इंतजार करेंगे, तो शायद सारी उम्र हार के अंधेरे में बैठे रहेंगे। लेकिन, यदि हम अपने मन को मजबूत कर लें, तो कोई भी चुनौती हमें तोड़ नहीं सकती।

हर तरफ चर्चा हो रही थी उस किसान की, जो बरसों तक सूखे से जूझता रहा और अबकी बार पूरे गाँव में उसकी फसल सबसे अधिक हुई थी। समय का फेर देखो, जो लोग कल तक उसे ताने देते थे, आज वही उसकी तारीफ कर रहे थे। गाँव के लोग अब जब भी उसे देखते, उसकी सफलता पर चर्चा करते, लेकिन कोई भी उसकी वर्षों की मेहनत को नहीं गिनता। बारिश ने खेतों को हरा-भरा बना दिया, लेकिन उस किसान के हौसलों की जड़ें उससे कहीं अधिक गहरी थीं।

लोगों को लगता कि भाग्य ने उसका साथ दिया, लेकिन वे यह नहीं देख पाए कि कितनी बार उसने खेत जोते, बीज डाले और फिर सब कुछ उसी मिट्टी में मिलते देखा। हर बार फसल के नष्ट होने पर उसकी आँखों में आँसू आते, लेकिन उसने कभी न मेहनत को सूखने नहीं दिया।

अबकी बार जब गाँव के बड़े-बुजुर्गों ने उसे बुलाया और उसकी सफलता की तारीफ की, तो वह सिर्फ मुस्कुरा दिया। किसी ने पूछा, तूने हार मानने की नहीं सोची?

किसान ने जवाब दिया, हार मान लेने से सूखा तो खत्म नहीं होता। और यदि मैंने किस्मत मानकर इसे छोड़ दिया होता, तो शायद यह बारिश भी मेरे किसी काम की नहीं होती। मैं नहीं जानता था कि बारिश कब होगी, लेकिन मैं यह जरूर जानता था कि इस जीत सूखे की तरह ही मैं भी हार नहीं मानूँगा।

उसकी बात सुनकर गाँव के कई नौजवानों ने सोचा, क्या सच में हि मत हारने से ही लोग हारते हैं? गाँव के लोगों की सोच बदलने लगी। अब किसान की कहानी सिर्फ उसकी नहीं रह गई थी। यह पूरे गाँव के लिए एक सीख बन गई थी।

जो नौजवान खेती छोड़कर शहर जाने की सोच रहे थे, वे अब रुक गए। उन्हें एहसास हुआ कि मेहनत से हालात बदले जा सकते हैं। कुछ और किसानों ने नई तकनीकों को अपनाने और अपनी जमीन को बेहतर बनाने का संकल्प लिया। जो कल तक उसे ताने देते थे, वे अब उससे खेती के गुर सीखने लगे।

गाँव में अब एक नई उम्मीद-सी जागने लगी थी। किसान ने यह साबित कर दिया था कि हार वह नहीं होती, जो आँखों से दिखाई देती है, हार वह होती है, जो मन में बैठ जाती है।

वर्षों तक लगातार उसने खेत जोते, बीज डाले और फिर फसल बर्बाद होती देखी। जब पहली बार उसकी फसल नष्ट हुई, तो उसने मिट्टी को और गहराई से समझना शुरू किया। दूसरी बार पानी का सही प्रबंधन सीखा। तीसरी बार बीजों की गुणवत्ता पर ध्यान दिया। हर असफलता उसे कुछ नया सिखाती रही। यहीं उसने सीखा कि सिर्फ मेहनत करना ही काफी नहीं, समझदारी से मेहनत करना जरूरी है।

धीरे-धीरे उसकी फसल बेहतर होने लगी। और फिर वह दिन भी आया, जब बारिश ने खेतों को लहलहा दिया, और फिर क्या था, उसकी मेहनत बहुत ही सुंदर रंग लाई। गाँव के लोगों ने भले ही इस सफलता को किसान की किस्मत करार दिया। लेकिन, किसान जानता था कि यह सिर्फ भाग्य नहीं था, यह उसकी वर्षों की मेहनत का नतीजा था।

सबसे बड़ा युद्ध बाहर नहीं, भीतर लड़ा जाता है। यदि मन हार जाए, तो दुनिया की कोई ताकत तुम्हें जीत नहीं दिला सकती। लेकिन, यदि मन अडिग रहे, तो बड़े से बड़ा तूफान भी तुम्हारा रास्ता नहीं रोक सकता। उसने साबित कर दिया कि सिर्फ किस्मत के भरोसे रहने वाले ही असफलता का रोना रोते हैं। जो मेहनत करते हैं, उनके लिए किस्मत भी एक दिन झुक जाती है। उसकी हि मत की यह मिसाल पूरे गाँव के दिल को छू गई। किसान की कहानी किसी एक व्यक्ति तक सीमित नहीं है, बल्कि यह जीवन की सच्चाई है।

हर इंसान के जीवन में संघर्ष आते हैं। कोई खेती में हारता है, कोई व्यापार में, कोई रिश्तों में, तो कोई सपनों की दौड़ में। लेकिन, असली हार तब होती है, जब इंसान मन से हार जाता है, कोशिश करना छोड़ देता है और खुद को कमजोर समझकर जीवन की रेस से खुद को कोसों दूर कर लेता है। यदि जीतने की ठानी है, तो फिर आपको कोई नहीं हरा सकता।

कितनी बार हम भी अपनी तकलीफों के आगे घुटने टेक देते हैं। कितनी ही बार हम सोचते हैं कि अब आगे कुछ नहीं बचा। हमारी तकलीफें हमारे मन से बड़ी नहीं हो सकतीं। सोचिए, यदि सूरज रात के अंधेरे को देखकर हार मान ले, तो क्या सुबह होगी? यदि बीज मिट्टी में दबकर यह सोच ले कि अब उसका अंत हो गया, तो क्या वह कभी वृक्ष बन पाएगा? फर्क सिर्फ इतना है कि कुछ लोग हालातों से हार मान लेते हैं, और कुछ लोग हालातों को अपनी जीत की सीढ़ी बना लेते हैं।

कल्पना कीजिए, यदि अभिमन्यु चक्रव्यूह में फंसकर कहता कि मैं नहीं लड़ सकता, तो क्या उसकी वीरता की कहानियाँ अमर होतीं? हम सबके जीवन में कभी न कभी ऐसा समय आता है, जब सब कुछ बिखरता हुआ-सा लगता है। लेकिन, यही वह पल होता है, जब हमें तय करना होता है कि हम इस दर्द को अपनी कब्र बनाएँगे या अपनी मजबूती का आधार?

यदि किसान भी यह सोचकर बैठ जाता कि इतने लोग गलत थोड़ी न कहेंगे, मुझे खेती-किसानी छोड़ देना चाहिए या फिर सूखा कभी खत्म नहीं होगा और बारिश कभी नहीं आएगी, तो शायद वह कभी सफल नहीं होता। लेकिन उसने हार नहीं मानी। इसलिए, इस मूलमंत्र को हमें भी अपने जीवन में उतारने की जरूरत है कि मन के हारे हार है, मन के जीते जीत..

शुरूआत कहाँ से करें? - अतुल मलिकराम ,लेखक एवं राजनीतिक रणनीतिकार

दबंग हिन्द, संवाददाता

रांची। शुरूआत कहाँ से करें? शायद वहीं से जहाँ हम अक्सर ठिठक जाते हैं.. शायद वहीं से, जहाँ पहली बार किसी की बात ने भीतर तक चुभा दिया था, और हम चुपचाप मुस्कुरा दिए थे, ताकि किसी को महसूस न हो कि भीतर तक सब कुछ हिल चुका है। जहाँ हम पहली बार कमजोर कहे गए थे और हमने ऊपर से अनसुना कर दिया था, लेकिन भीतर एक दरार-सी बन गई थी। वह लम्हा याद है, जब लगा था कि सब भाग रहे हैं, और हम जैसे वहीं अटके-से रह गए हैं.. न तो आगे जा सकें, और न ही पीछे को लौट सकें। कमजोरी कोई ताज पहनकर नहीं आती, वह तो अक्सर खामोशी से हमारे भीतर उतरती है, जैसे किसी को बिना बताए कोई किराएदार घर में रहने लग जाए। धीरे-धीरे वो हमारी सोच में बस जाती है, हमारे फैसलों में दिखने लगती है और फिर एक दिन हमारी पहचान बन बैठती है। लेकिन, यहाँ एक बहुत बड़ा सवाल उठता है कि क्या हमारी पहचान वाकई हमारी कमजोरी से तय होती है? नहीं। असल में, कमजोरी तो वह जगह है, जहाँ से हमारी असली यात्रा शुरू होती है। हाँ, शुरूआत में वो जगह अंधेरी लगती है, डरावनी लगती है, लेकिन यदि आप यह बात समझ गए,

तो मानो बहुत कुछ मिल गया, क्योंकि यहीं पर खुद से मिलने की गुँजाइश सबसे ज्यादा होती है। हम अक्सर सोचते हैं कि ताकत वही होती है, जो दिखती है, जो ऊँची आवाज में बोले, जो मंच पर खड़ा हो जाए, जो तेज दौड़ सके। लेकिन, कभी किसी को बिना बोले भी ताकतवर होते देखा है? किसी की चुप्पी में कभी गरज सुनी है? कई बार जो टूटा होता है, वही सबसे मजबूत हो जाता है, क्योंकि उसे दोबारा खुद को जोड़ना आता है। हर बार जब हम सोचते हैं कि काश हम थोड़े और अच्छे होते, थोड़े और मजबूत, तो हमें याद रखना चाहिए कि दुनिया की सबसे बड़ी मिसालें उन्हीं दरारों से निकली हैं, जिन्हें हम कमजोरी कहते हैं। थॉमस एडीसन को पूरी दुनिया बल्ब के आविष्कारक के रूप में जानती है। लेकिन, कभी एक दौर ऐसा भी था, जब स्कूल ने उन्हें निकाल दिया था, क्योंकि शिक्षकों को लगता था कि वो कुछ समझ ही नहीं सकते। 'कमअक्ल' कहा जाने वाला वही बच्चा, आगे चलकर अंधेरे में उजाला लाने वाला महान वैज्ञानिक बना। आज उन्हें न सिर्फ बल्ब के लिए, बल्कि फोनोग्राफ और मोशन पिक्चर कैमरा जैसे कई आविष्कारों के रूप में भी याद किया जाता है, और उनके 1,000 से भी ज्यादा पेटेंट्स विज्ञान की दुनिया की नींव हैं। हेलेन केलर न देख सकती थीं, न सुन सकती थीं, लेकिन उनकी आवाज आज भी पूरी दुनिया में गूँजती है। उन्होंने न सिर्फ शिक्षा प्राप्त की, बल्कि विकलांगों के अधिकारों के लिए ज़िंदगी भर काम किया। वे एक सामाजिक कार्यकर्ता, लेखिका और वक्ता बनीं। उन्होंने साबित किया कि जब इरादे मजबूत हों, तो हर दीवार के पार रास्ता निकल ही आता है। निक वुयचिच जो एक ऑस्ट्रेलियाई-अमेरिकी ईसाई प्रचारक और प्रेरक वक्ता हैं, उनके पास न हाथ हैं, न पैर, लेकिन जब वे मंच पर खड़े होते हैं, तो लाखों लोग अपनी हिम्मत फिर से तलाशने लगते हैं। और मिस्टर बीन.. यह एक ऐसा किरदार है, जिसने पूरी दुनिया को बिना बोले बेबाक हँसी की सौगात दी। लेकिन क्या आप जानते हैं कि इस किरदार को निभाने वाले रोवन एटकिंसन को बचपन से ही बोलने में दिक्कत थी? उन्हें स्टैमर था, वे अपने जीवन में कई बार हँसी के पात्र बने।

मौत किराए पर नहीं मिलती

दैनिक निराला राजस्थान न्यूज
अतुल मलिकराम
(लेखक एवं राजनीतिक रणनीतिकार)

इस दुनिया में लगभग हर चीज़ किराए पर मिल जाती है, जैसे कि घर, गाड़ी, कपड़े और यहाँ तक कि गहने भी। लेकिन, एक चीज़ ऐसी है, जिसके लिए अपने जीवन की सारी मालकियत, दौलत-शोहरत आदि चाहे जो कुछ भी न्यौछावर कर दी, चाहे कुछ भी कर लो, वह कभी किराए पर नहीं मिलती.. मैं जिस चीज की बात कर रहा हूँ, वह और कुछ नहीं, बल्कि मौत है। मौत न तो रिश्वत लेती है, और न ही कोई सौदेबाजी करती है.. यह एक ऐसा सत्य है, जो हमें जीवन की असली कीमत और उसकी अनमोलता का एहसास कराता है। दो अक्षर का यह छोटा-सा शब्द हमें याद दिलाता है कि हमारा जीवन कितना महत्वपूर्ण है और इसे पूरी तरह से जीना कितना जरूरी है।

खरबों की संपत्ति के मालिक माननीय रतन टाटा जी हमारे बीच नहीं हैं, लेकिन उनके निधन से पहले उन्होंने जो अपने अंतिम विचार पेश किए, वो दुनिया के छोटे से लेकर बड़े से बड़े शख्स को भीतर तक हिलाकर रख देने के लिए काफी हैं। उन्होंने कहा कि मैं व्यापार जगत में सफलता के शिखर पर पहुँच चुका हूँ। बेशक, मेरा जीवन दूसरों की नज़र में एक बहुत बड़ी उपलब्धि है। हालाँकि, काम के अलावा मेरे पास कोई खुशी नहीं है। रुपया-पैसा सिर्फ एक सत्य है, जिसका मैं उपयोग करता हूँ।

इस समय अस्पताल के बिस्तर पर लेटे हुए और अपनी पूरी जिंदगी को याद करते हुए, मुझे एहसास होता है कि जिस पहचान और पैसे पर मुझे गर्व था, वह मृत्यु से पहले खुद को झूठा और बेकार साबित कर चुका है। आप अपनी कार चलाने या पैसे कमाने के लिए किसी को किराए पर ले सकते हैं। लेकिन, आप अपनी जगह किसी और को पीड़ित होने और मरने देने के लिए किराए पर नहीं ले सकते।

कितनी बड़ी सीख है यह हमारे जीवन के लिए कि पैसों से हर चीज नहीं खरीदी जा सकती, जबकि वो लोग न जाने किस असमंजस में जी रहे हैं, जो कहते फिरते हैं कि हाथ में पैसा आ जाए, तो हम पूरी की पूरी दुनिया ही खरीद लें।

हमारे जीवन में कई बार कई वस्तुएँ गुम हो जाती हैं। कई दफा वे खोई हुई भौतिक वस्तुएँ मिल भी जाती हैं। लेकिन, एक चीज़ है, जो यदि एक बार खो जाए, तो फिर कभी नहीं मिलती, और वह है जीवन। हम जीवन के किसी भी चरण में हों, कितनी ही ऊँचाइयाँ छू लें, एक न एक दिन हमें इस समय का सामना करना ही होगा, जब दिल से धड़कन का साथ छूट जाएगा। तीन स्थान ऐसे हैं, जहाँ जाकर जीवन के महासागर की गहराई चंद मिनटों में ही माप ली जाती है। ये स्थान हैं- अस्पताल, जेल और श्मशान। अस्पताल में आप समझेंगे कि स्वास्थ्य सबसे बड़ा धन है। जेल में आज़ादी की असली कीमत समझ में आती है। और श्मशान में आपको एहसास होता है कि जीवन कितना क्षणभंगुर है।

बचपन में हमें बेशक घड़ी, गाड़ी, बंगला और अच्छे कपड़े लुभा सकते हैं, लेकिन जैसे-जैसे हम बड़े होते जाते हैं, हमें एहसास होता है कि महँगी चीज़ें असल में हमें खुशी नहीं देतीं। जीवन में सबसे अधिक जरूरी है सुकून का होना। यदि सुकून नहीं, तो फिर दौलत-शोहरत कुछ भी नहीं।

चाहे हम 300 रुपए की घड़ी पहनें या फिर 3000 रुपए की, समय दोनों एक ही बताती हैं। चाहे

हमारे पास 100 रुपए का पर्स हो या 500 रुपए का, वह पैसे रखने के ही काम आता है। चाहे हम 5 लाख रुपए की कार चलाएँ या फिर 50 लाख की, रास्ता और दूरी एक ही होती है और मंज़िल भी। घर चाहे 300 वर्ग फुट का हो या 3000 वर्ग फुट का, यदि मन में अकेलापन है, तो फिर यह हर जगह समान ही होता है। सच तो यह है कि सच्ची खुशी इस दुनिया की भौतिक वस्तुओं में नहीं होती। जब हम जीवन की अनमोलता को समझते हैं, तो हमें अपने परिवार और दोस्तों के साथ बिताए समय की सच्ची खुशी का महत्व समझ में आता है। फर्स्ट क्लास या इकोनॉमी क्लास में उड़ान भरने से कोई फर्क नहीं पड़ता, यदि विमान नीचे गिरता है, तो हम सभी एक साथ और एक तरह से ही सब नीचे गिरेंगे।

इसलिए, अपने परिवार, जीवनसाथी और दोस्तों से प्यार करें, उनके साथ अच्छा व्यवहार करें, कभी किसी के साथ छल न करें, कभी कोई काम ऐसा न करें, जिससे किसी के दिल को ठेस पहुँचे। अपने दोस्तों और परिवार के साथ हँसना, बोलना और बातें करना ही सच्ची खुशी है।

हमारे जीवन की असली सच्चाई यही है और हमें अपने बच्चों को सिर्फ अमीर बनना नहीं, बल्कि खुश रहना सिखाना चाहिए। जब वे बड़े होंगे, तो उन्हें चीज़ों की कीमत नहीं, उनका मूल्य पता होगा। आज हम जिस ज़मीन पर चल रहे हैं, कल वह भी हमारी नहीं होगी। जिन भौतिक वस्तुओं के लिए हम तेरा-मेरा करके जीवन भर लड़ते रहते हैं, उनमें से छटाँक भर भी हम अपने हिस्से में अपने साथ नहीं ले जा सकेंगे। फिर ये दंगा-फसाद क्यों ? क्यों नहीं हम विनम्र हो जाते और अपने माता-पिता का धन्यवाद करते, जिन्होंने हमें यह जीवन दिया ?

ज़रा-सी सफलता पर उछलने वाले हम जैसे लोगों को माननीय रतन टाटा जी के साथ ही सिकंदर, राकेश झुनझुनवाला और अज़ीज़ प्रेमजी जैसी शख्सियतों से भी यह सीख लेना चाहिए कि जीवन में सफलता प्राप्त करने के बाद भी विनम्रता और कृतज्ञता बनाए रखना यदि आपको आता है, तो आपका मूल्य क्या है। उनकी उपलब्धियाँ हमें प्रेरित करती हैं, लेकिन उनके विचार और जीवन के प्रति उनका दृष्टिकोण हमें सिखाता है कि असली खुशी और संतोष आखिर विनम्रता से ही आता है।

मौत की अनिवार्यता हमें जीवन के मूल्य और उसकी अनमोलता को समझने के लिए प्रेरित करती है। हमें अपने जीवन को पूरी तरह से जीना चाहिए, अपने सपनों को पूरा करने के लिए मेहनत करनी चाहिए और अपने परिवार और दोस्तों के साथ समय बिताना चाहिए। भौतिक वस्तुएँ और संपत्ति हमें असली खुशी नहीं दे सकतीं, लेकिन सच्चे रिश्ते और प्यार हमें वह खुशी और संतोष दे सकते हैं, जो हम जीवन में तलाशते हैं। जीवन अनमोल है और हमें इसे पूरी तरह से जीना चाहिए।

गाँव की बेरंग तस्वीर में रंग भरने का काम आज भी अधूरा

• अतुल मलिकराम (लेखक एवं राजनीतिक रणनीतिकार)

हर किसी के जीवन में एक गाँव होता है, कभी जन्मभूमि के रूप में, तो कभी नानी के घर के रूप में.. माध्यम कई हो सकते हैं, लेकिन हर किसी का जीवन किसी न किसी बहाने गाँव से जुड़ा जरूर होता है.. वह दुनिया, जहाँ दिल हर बार लौट जाना चाहता है। मेरे लिए गाँव सिर्फ एक जगह नहीं, बल्कि वह एहसास है, जो हर बार दिल को सुकून देता है। मिट्टी की सौंधी खुशबू, पेड़-पौधों से लिपटे आँगन, नहर का ठंडा पानी, मंदिर की घंटियाँ और चौपाल की गप्पें, यह सब कुछ आज भी मेरी यादों में जिंदा है।

जब जिंदगी की भीड़-भाड़ में साँसें घुटने लगती हैं, तो वही पुरानी यादें गले लगाकर कहती हैं, "चलो, एक बार फिर गाँव चलते हैं।" मुझे आज भी याद है कि गर्मियों की छुट्टियाँ आते ही हम सब भाई-बहन बस्ता-पट्टी छोड़कर सीधे गाँव भागने की पुरजोर तैयारियाँ करने लगते थे। बैग के कोने-कुचाले ढूँढ-ढूँढ कर हर छोटे से छोटे खिलौने को सहेजकर रख लेना, ताकि उन मिट्टी और लकड़ी के खिलौनों को तीन महीने हमारी याद न आए, हम अपने साथ लिए चलते थे। ट्रेन से उतरते ही जैसे कोई और ही दुनिया शुरू हो जाती थी। स्टेशन के बाहर बैलगाड़ी खड़ी रहती थी और रास्ते भर हर मोड़ पर कोई पुराना चेहरा मुस्कुरा कर हमें पहचान लिया करता था। रास्तों में धूल जरूर उड़ती थी, लेकिन उसमें भी अपनापन होता था।

गाँव की वो कच्ची गलियाँ, पीपल का पेड़, जिस पर झूला बँधा होता था, नानी की खूबसूरत कहानियाँ, जो वे हर बार एक नए मोड़ के साथ दोहराकर सुनाया करती थीं, सब कुछ किसी बेशकीमती कविता की तरह मेरी स्मृति में दर्ज है। सुबह खेतों से आती मिट्टी और घास की मिली-जुली सुगंध, शाम को मंदिर में होने वाले भजन और रात में नीम के पेड़ के नीचे चटाई पर लेटकर तारों की वह गिनती, जिस पर हमें पक्का यकीन होता था कि जितने हमने गिने, आसमान में उतने ही तारे हैं.. सच-मुच जीवन के इससे सुखद अनुभव और क्या ही होंगे..लेकिन अफसोस, समय के साथ वह गाँव भी बदल गया, और शायद हम भी। अब जब गाँव जाता हूँ, तो बहुत कुछ खो गया है। गाँव तो वही है, लेकिन उसमें पहले जैसा जीवन नहीं रहा। वह पीपल का पेड़ तो है, लेकिन उसकी छाँव में बैठी नानी नहीं। खेत अब भी हैं, लेकिन उन्हें जोतने वाले हाथ काफी कम हो गए हैं। पहले जहाँ चौपाल पर बैठकर लोग राजनीति से लेकर रिश्तेदारी तक की हर बात पर चर्चा किया करते थे, आज उस चौपाल के कान तरस जाते हैं एक शब्द भी सुनने को.. वहाँ अब सन्नाटा जो पसरा रहता है। आज के समय में ये बेतुकी लगने वाली बातें हमारे समय में अनमोल हुआ करती थीं, क्योंकि इन चर्चाओं में शामिल लोगों से जो सटीक सलाह मिला करती थीं न, वो आज के समय में राजा का ताज पहने एआई में कहाँ? मोबाइल और टीवी ने सारी की सारी चर्चाएँ छीन ली हैं, और शहरीकरण ने हमारी सबसे खूबसूरत संस्कृति को दबा दिया है।

सबसे ज्यादा तकलीफ तब होती है, जब देखता हूँ कि गाँव के बच्चों के चेहरों पर आज भी वही पुराने सवाल लिखे हैं। स्कूल तो बने हैं, लेकिन शिक्षक नहीं आते। मिड-डे मील जरूर मिलता है, लेकिन शिक्षा बेस्वाद है। अस्पताल की इमारत ज्यों की त्यों खड़ी है, लेकिन सूनी पड़ी है, क्योंकि वहाँ मरीजों का इलाज करने के लिए डॉक्टर ही नहीं हैं। बिजली के खंभे हैं, लेकिन रात को अँधेरा अब भी घरों में पसरा रहता है। सरकार की योजनाएँ वहाँ तक पहुँचती हैं, इसमें कोई दो राय नहीं है, लेकिन उनका असर न जाने कहाँ गायब हो जाता है।

वैसे तो आजादी को साढ़े सात दशक से भी ज्यादा हो गए हैं, लेकिन गाँव की बेरंग तस्वीर में रंग भरने का काम आज भी अधूरा ही पड़ा है। बच्चे नंगे पाँव हैं, खेत सूखे हैं और सपने बची-कुची लौ के समान बुझते चले जा रहे हैं। हमेशा से ही मेरे मन में यह सवाल भीतर तक घर करा हुआ बैठा है कि क्या हम सिर्फ शहरों की चमक-दमक को ही विकास मानते रहेंगे? क्या गाँव की आवाज हमेशा सिर्फ चुनावी नारों तक ही सीमित रहेगी?

मुझे याद है, कैसे पहले हर घर एक-दूसरे का सहारा हुआ करते थे। सुख तो सुख, दुःख में भी कँधे से कँधा मिलाकर एक-दूसरे के साथ खड़े रहते थे। शादी-ब्याह में पूरा गाँव शामिल होता था, जैसे खुद के ही घर के किसी सदस्य की शादी हो। सबके साथ से बड़े-बड़े काम कैसे चुटकियों में हो जाया करते थे, पता भी नहीं चलता था। लेकिन, अब रिश्ते भी सोशल मीडिया के मैसेज बनकर रह गए हैं। पहले चिट्ठियाँ आती थीं, अब व्हाट्सऐप के दो शब्दों में यह कहकर रिश्ते निपटा दिए जाते हैं, "सब ठीक है।" पहले जब कोई बुजुर्ग बीमार होता था, तो चार घर दौड़ पड़ते थे। अब एंबुलेंस तेज सायरन के साथ आती है, लेकिन अफसोस पड़ोसी दरवाजा भी नहीं खोलता। गाँव में अब बच्चे कंचों की जगह मोबाइल में व्यस्त हो गए हैं। जमीनें बिक रही हैं, नौजवान शहर भाग रहे हैं, और बूढ़े माँ-बाप गाँव की सूनी चौखटों पर किसी की आहट का इंतजार करते रह जाते हैं। जब गाँव की गलियों से गुजरता हूँ, तो हर मोड़ मुझे रोक लेता है। वह पुराना स्कूल, जहाँ मैंने 'क, ख, ग' सीखा था, अब टूट चुका है। सुंदर-सा वह पोखर, जो कभी अपना किनारा हमें बैठने के लिए दे दिया करता था, अब सूख गया है। दिल भर आता है, और मैं सोचता हूँ कि हम क्या खो बैठे हैं? लेकिन, सवाल यह नहीं है कि हमने क्या खोया है। असल सवाल यह है कि हम इस स्थिति में क्या बचा सकते हैं? हमें गाँव के लिए नई योजनाएँ नहीं, नई सोच चाहिए। ऐसी सोच, जो शहरों की नकल नहीं, बल्कि गाँव की आत्मा को समझे। हमें चाहिए स्कूलों में शिक्षक, अस्पतालों में सेवा और खेतों में सिंचाई, न कि कागजों पर धूल जमातीं रिपोर्ट्स और आँकड़े। गाँव के बच्चे भी स्मार्ट क्लास और रोबोटिक्स के हकदार हैं। क्यों न हर पंचायत में एक डिजिटल सेंटर हो, हर गाँव में एक वाचनालय हो, और हर गली में फिर से हँसी गूँजे? बदलाव की शुरूआत सरकार से नहीं, हमसे होनी चाहिए। यदि हम साल में एक बार गाँव जाकर सिर्फ तस्वीरें खींचकर लौट आते हैं, तो बदलाव की उम्मीद कैसे कर सकते हैं? गाँव को यदि फिर से जिंदा करना है, तो सिर्फ पैसे नहीं, प्यार लगाना होगा। सिर्फ विकास नहीं, विवेक लगाना होगा। हमें अपने बच्चों को गाँव की कहानियाँ सुनानी होंगी, सिर्फ इसलिए नहीं कि वे भावुक हों, बल्कि इसलिए कि वे जिम्मेदार बनें। ताकि कल जब वे बड़े हों, तो गाँव उनके लिए पुरानी याद नहीं, एक सबसे महत्त्वपूर्ण जिम्मेदारी हो।

आधुनिकता की रफ्तार में बिखरते रिश्तों के ताने-बाने

● नीमच / राज न्यूज नेटवर्क

लेखक एवं राजनीतिक रणनीतिकार अतुल मलिकराम ने कहा कि भारत 'वसुधैव कुटुम्बकम' की भावना को मानने वाला देश रहा है, जहाँ संयुक्त परिवार जीवन की एक मजबूत और स्नेहमयी परंपरा थे।

कभी एक ही छत के नीचे तीन से चार पीढ़ियाँ हँसी-खुशी के साथ रहती थीं। बड़े बुजुर्गों का मार्गदर्शन, बच्चों का स्नेह, रिश्तों की गर्माहट और अपनापन भारतीय संस्कृति की पहचान था, लेकिन आधुनिकता

की तेज रफ्तार में यह भावनात्मक बंधन धीरे-धीरे कमजोर पड़ते जा रहे हैं।उन्होंने बताया कि लगभग 60 वर्ष पहले संयुक्त परिवार समाज की बुनियादी संरचना थे। दादा-दादी, माता-पिता, भाई-बहन और रिश्तेदार एक साथ रहकर सुख-दुःख में सहभागी बनते थे। बच्चों का पालन-पोषण भी सामूहिक जिम्मेदारी के रूप में होता था, जिससे उनमें संस्कार और आत्मीयता विकसित होती थी। समय के साथ यह परंपरा टूटने लगी और परिवार पहले तीन पीढ़ियों तक सीमित हुए, फिर केवल पति-पत्नी और बच्चों तक सिमट गए। आज तो कई दंपत्तियों के लिए संतान भी जीवन का हिस्सा नहीं रही। कुछ परिवारों में पालतू जानवर ही सदस्य का स्थान लेने लगे हैं। मलिकराम के अनुसार इस बदलाव के पीछे रोजगार, शिक्षा और बेहतर जीवन की चाह में शहरों की ओर पलायन प्रमुख कारण बना। तेज जीवनशैली, व्यस्तता और निजी स्वतंत्रता की चाहत ने संयुक्त परिवारों की दूरी बढ़ा दी।

पश्चिमी संस्कृति का प्रभाव और टीवी धारावाहिकों में रिश्तों की कड़वाहट दिखाए जाने ने भी लोगों को छोटे परिवारों की ओर प्रेरित किया। स्थिति यह हो गई है कि महानगरों में लोग महीनों तक रिश्तेदारों से नहीं मिलते और सोशल मीडिया ही जुड़ाव का माध्यम बनकर रह गया है। उन्होंने चेताया कि यदि समाज अब भी नहीं संभला, तो भविष्य में परिवार जैसी संस्था समाप्त होने का खतरा भी पैदा हो सकता है। आधुनिकता अवसर जरूर देती है, पर आत्मीयता और एकता को कमजोर भी कर रही है। सच्चा विकास तभी संभव है, जब व्यक्ति अपनी सफलता और परिवार के बीच संतुलन बना सके। परिवार केवल रिश्तों का बंधन नहीं, बल्कि जीवन की मूल आधारशिला है–इसे संभालकर रखना हम सभी की जिम्मेदारी है।

ਅੱਧੀ ਰਾਤ ਨੂੰ ਕੇਕ ਕੱਟਣ ਦੀ ਪ੍ਰਥਾ: ਜਸ਼ਨ ਜਾਂ ਦਿਖਾਵਾ?

ਮੇਰਾ ਜਨਮਦਿਨ ਕੁਝ ਦਿਨ ਪਹਿਲਾਂ ਹੀ ਹੋਇਆ ਸੀ, ਅਚਾਨਕ ਅੱਧੀ ਰਾਤ ਨੂੰ ਫ਼ੋਨ ਦੀ ਘੰਟੀ ਵੱਜੀ। ਮੇਰੇ ਜਨਮਦਿਨ 'ਤੇ ਸ਼ੁਭਕਾਮਨਾਵਾਂ ਦੇਣ ਲਈ ਜਾਣ-ਪਛਾਣ ਵਾਲਿਆਂ ਦੇ ਸੁਨੇਹਿਆਂ ਦੀ ਇੱਕ ਕਤਾਰ ਸੀ, ਇੰਝ ਲੱਗ ਰਿਹਾ ਸੀ ਜਿਵੇਂ ਰਾਤ ਦਾ 12 ਵਜੇ ਅਚਾਨਕ ਖਾਸ ਹੋ ਗਿਆ ਹੋਵੇ। ਘਰ ਵਿੱਚ ਸਾਰੇ ਜਾਗ ਰਹੇ ਸਨ, ਮੇਰੀ ਧੀ ਹੱਥ ਵਿੱਚ ਕੇਕ ਅਤੇ ਚਿਹਰੇ 'ਤੇ ਇੱਕ ਜਾਣੀ-ਪਛਾਣੀ ਮੁਸਕਰਾਹਟ ਲੈ ਕੇ ਮੇਰੇ ਕੋਲ ਆਈ। ਸਾਰਿਆਂ ਦੀ ਖੁਸ਼ੀ ਨੂੰ ਧਿਆਨ ਵਿੱਚ ਰੱਖਦੇ ਹੋਏ, ਰਾਤ ਨੂੰ ਕੇਕ ਕੱਟਿਆ ਗਿਆ ਅਤੇ ਜਨਮਦਿਨ ਮਨਾਇਆ ਗਿਆ।

ਜਨਮਦਿਨ ਖੁਸ਼ੀ ਨਾਲ ਮਨਾਇਆ ਗਿਆ, ਪਰ ਇਸਨੇ ਮੇਰੇ ਮਨ ਵਿੱਚ ਇੱਕ ਸਵਾਲ ਛੱਡ ਦਿੱਤਾ ਕਿ ਬਚਪਨ ਵਿੱਚ ਅਸੀਂ ਰਾਤ ਨੂੰ ਕੇਕ ਨਹੀਂ ਕੱਟਦੇ ਸੀ, ਫਿਰ ਰਾਤ ਨੂੰ ਕੇਕ ਕੱਟਣ ਦੀ ਇਹ ਪ੍ਰਥਾ ਕਿਉਂ ਸ਼ੁਰੂ ਹੋਈ ਅਤੇ ਇਸ ਪਿੱਛੇ ਕੀ ਕਾਰਨ ਹੈ?

ਮੈਨੂੰ ਅਜੇ ਵੀ ਯਾਦ ਹੈ, ਬਚਪਨ ਵਿੱਚ, ਜਨਮਦਿਨ ਸੂਰਜ ਦੀ ਪਹਿਲੀ ਕਿਰਨ ਨਾਲ ਸ਼ੁਰੂ ਹੁੰਦੇ ਸਨ। ਜਿਵੇਂ ਹੀ ਅਸੀਂ ਸਵੇਰੇ ਉੱਠਦੇ ਹਾਂ, ਅਸੀਂ ਇਸ਼ਨਾਨ ਕਰਦੇ ਹਾਂ, ਫਿਰ ਪ੍ਰਾਰਥਨਾ ਕਰਦੇ ਹਾਂ ਅਤੇ ਫਿਰ ਬਜ਼ੁਰਗਾਂ ਤੋਂ ਅਸ਼ੀਰਵਾਦ ਅਤੇ ਸਾਰਿਆਂ ਤੋਂ ਵਧਾਈਆਂ ਲੈਂਦੇ ਹਾਂ। ਇਹ ਸਾਡਾ ਜਨਮਦਿਨ ਹੁੰਦਾ ਸੀ। ਪਰ, ਅੱਜਕੱਲ੍ਹ ਜਨਮਦਿਨ ਅੱਧੀ ਰਾਤ ਨੂੰ ਕੇਕ ਕੱਟਣ ਨਾਲ ਸ਼ੁਰੂ ਹੁੰਦੇ ਹਨ। ਸਿਰਫ਼ ਜਨਮਦਿਨ ਹੀ ਕਿਉਂ, ਅੱਜਕੱਲ੍ਹ ਇਹ ਰੁਝਾਨ ਹਰ ਖੁਸ਼ੀ ਦੇ ਮੌਕੇ 'ਤੇ ਦੇਖਿਆ ਜਾ ਰਿਹਾ ਹੈ। ਇਹ ਸਿਰਫ਼ ਨੌਜਵਾਨ ਪੀੜ੍ਹੀ ਤੱਕ ਸੀਮਤ ਨਹੀਂ ਹੈ, ਸਗੋਂ ਹਰ ਕਿਸੇ ਦੇ ਜਨਮਦਿਨ ਜਾਂ ਵਿਆਹ ਦੀ ਵਰ੍ਹੇਗੰਢ 'ਤੇ ਰਾਤ ਨੂੰ ਕੇਕ ਕੱਟੇ ਜਾ ਰਹੇ ਹਨ, ਚਾਹੇ ਉਹ ਬਾਲਗ ਹੋਣ ਜਾਂ ਬੱਚੇ। ਇਹ ਰੁਝਾਨ ਸਾਡੇ ਸੱਭਿਆਚਾਰ ਵਿੱਚ ਇੰਨਾ ਭਾਰੂ ਹੋ ਗਿਆ ਹੈ ਕਿ ਦੇਵੀ-ਦੇਵਤਿਆਂ ਦੇ ਜਨਮਦਿਨ 'ਤੇ ਕੇਕ ਕੱਟੇ ਜਾ ਰਹੇ ਹਨ। ਕੀ ਇਹ ਸਹੀ ਹੈ, ਜਾਂ ਕੀ ਅਸੀਂ ਪੱਛਮੀ ਸੱਭਿਆਚਾਰ ਦੀ ਅੰਨ੍ਹੀ ਨਕਲ ਵਿੱਚ ਫਸ ਰਹੇ ਹਾਂ?

ਇਸ ਬਦਲਾਅ ਪਿੱਛੇ ਇੱਕ ਵੱਡਾ ਕਾਰਨ ਸਾਡੀ ਤੇਜ਼ੀ ਨਾਲ ਬਦਲਦੀ ਜੀਵਨ ਸ਼ੈਲੀ ਹੈ, ਜੋ ਮੁੱਖ ਤੌਰ 'ਤੇ ਵਿਸ਼ਵੀਕਰਨ, ਆਧੁਨਿਕਤਾ ਅਤੇ ਸੋਸ਼ਲ ਮੀਡੀਆ ਤੋਂ ਪ੍ਰਭਾਵਿਤ ਹੈ। ਅੱਜਕੱਲ੍ਹ ਅਸੀਂ ਹਰ ਚੀਜ਼ ਨੂੰ ਗਲੈਮਰਸ ਬਣਾਉਣਾ ਚਾਹੁੰਦੇ ਹਾਂ। ਭਾਵੇਂ ਜਨਮਦਿਨ ਹੋਵੇ ਜਾਂ ਕੋਈ ਵੀ ਖੁਸ਼ੀ ਦਾ ਮੌਕਾ, ਅਸੀਂ ਇਸਨੂੰ ਯਾਦਗਾਰ ਬਣਾਉਣ ਦੀ ਪੂਰੀ ਕੋਸ਼ਿਸ਼ ਕਰਦੇ ਹਾਂ। ਅਤੇ ਇਸ ਵਿੱਚ, ਪੱਛਮੀ ਸੱਭਿਆਚਾਰ ਦੀ ਚਮਕ ਅਤੇ ਗਲੈਮਰ ਸਾਨੂੰ ਸਭ ਤੋਂ ਵੱਧ ਆਕਰਸ਼ਿਤ ਕਰ ਰਿਹਾ ਹੈ। ਇਸ ਤੋਂ ਇਲਾਵਾ, ਅੱਜਕੱਲ੍ਹ ਸੋਸ਼ਲ ਮੀਡੀਆ 'ਤੇ ਦਿਖਾਵੇ ਦਾ ਮੁਕਾਬਲਾ ਹੈ, ਜਿੱਥੇ ਜੇਕਰ ਕੋਈ ਨਵਾਂ ਰੁਝਾਨ ਸ਼ੁਰੂ ਹੁੰਦਾ ਹੈ, ਤਾਂ ਸਾਡੇ ਲਈ ਇਸਦੀ ਨਕਲ ਕਰਨਾ ਜ਼ਰੂਰੀ ਹੋ ਗਿਆ ਹੈ। ਨਹੀਂ ਤਾਂ ਸਾਨੂੰ ਪੁਰਾਣੇ ਜ਼ਮਾਨੇ ਦੇ ਸਮਝਿਆ ਜਾਵੇਗਾ। ਅਤੇ ਸਾਨੂੰ ਪੁਰਾਣੇ ਜ਼ਮਾਨੇ ਦੇ ਸਮਝੇ ਜਾਣਾ ਪਸੰਦ ਨਹੀਂ ਹੋਵੇਗਾ, ਇਸ ਲਈ ਅਸੀਂ ਭੀੜ ਦੀ ਪਾਲਣਾ ਕਰਨ ਦੇ ਆਦੀ ਹੋ ਗਏ ਹਾਂ। ਇਸ ਤੋਂ ਇਲਾਵਾ, ਔਨਲਾਈਨ ਡਿਲੀਵਰੀ ਸੇਵਾਵਾਂ ਨੇ ਇਸ ਸੱਭਿਆਚਾਰ ਨੂੰ ਹੋਰ ਵੀ ਉਤਸ਼ਾਹਿਤ ਕੀਤਾ ਹੈ। ਹੁਣ ਤੁਸੀਂ ਅੱਧੀ ਰਾਤ ਨੂੰ ਵੀ ਆਪਣੇ ਦਰਵਾਜ਼ੇ 'ਤੇ ਕੇਕ ਆਰਡਰ ਕਰ ਸਕਦੇ ਹੋ, ਜਿਸ ਕਾਰਨ ਅੱਧੀ ਰਾਤ ਨੂੰ ਕੇਕ ਕੱਟਣ ਦਾ ਇਹ ਰਿਵਾਜ ਹੋਰ ਵੀ ਜ਼ਿਆਦਾ ਦੇਖਿਆ ਜਾ ਰਿਹਾ ਹੈ। ਰਾਤ ਨੂੰ ਕੇਕ ਕੱਟਣ ਦਾ ਵਧਦਾ ਰੁਝਾਨ ਇਸ ਤੱਥ ਦਾ ਪ੍ਰਤੀਕ ਹੈ ਕਿ ਕਿਤੇ ਨਾ ਕਿਤੇ ਆਧੁਨਿਕਤਾ ਦੇ ਆੜ ਵਿੱਚ, ਅਸੀਂ ਆਪਣੀਆਂ ਸੱਭਿਆਚਾਰਕ ਜੜ੍ਹਾਂ ਤੋਂ ਦੂਰ ਹੁੰਦੇ ਜਾ ਰਹੇ ਹਾਂ। ਇਹ ਜ਼ਰੂਰੀ ਨਹੀਂ ਹੈ ਕਿ ਹਰ ਨਵਾਂ ਰੁਝਾਨ ਸਹੀ ਹੋਵੇ ਅਤੇ ਇਸਨੂੰ ਅਪਣਾਇਆ ਜਾਵੇ, ਅਤੇ ਆਪਣੀਆਂ ਪਰੰਪਰਾਵਾਂ ਨੂੰ ਤਿਆਗਣਾ ਵੀ ਸਹੀ ਨਹੀਂ ਹੈ। ਆਪਣੇ ਸੱਭਿਆਚਾਰ ਦੀ ਡੂੰਘਾਈ ਨੂੰ ਸਮਝਦੇ ਹੋਏ, ਸਾਨੂੰ ਇਹ ਫੈਸਲਾ ਕਰਨਾ ਪਵੇਗਾ ਕਿ ਸਾਨੂੰ ਕਿਹੜਾ ਨਵਾਂ ਰੁਝਾਨ ਅਪਣਾਉਣਾ ਚਾਹੀਦਾ ਹੈ ਅਤੇ ਕਿਹੜਾ ਨਹੀਂ। ਜਾਂ ਸਾਨੂੰ ਇਹ ਵੀ ਸੋਚਣਾ ਚਾਹੀਦਾ ਹੈ ਕਿ ਕੀ ਕਿਸੇ ਰੁਝਾਨ ਨੂੰ ਅਪਣਾਉਣ ਪਿੱਛੇ ਕੋਈ ਸਾਰਥਕ ਕਾਰਨ ਹੈ ਜਾਂ ਨਹੀਂ। ਮੈਂ ਆਧੁਨਿਕਤਾ ਜਾਂ ਪੱਛਮੀ ਸੱਭਿਆਚਾਰ ਦੇ ਵਿਰੁੱਧ ਨਹੀਂ ਹਾਂ। ਪਰ ਬਿਨਾਂ ਸੋਚੇ ਸਮਝੇ ਨਕਲ ਕਰਨਾ ਅਤੇ ਦਿਖਾਵਾ ਕਰਨਾ ਮੇਰੀ ਸਮਝ ਤੋਂ ਬਾਹਰ ਹੈ।

ਬਿਹਤਰ ਹੈ ਕਿ ਅਸੀਂ ਆਪਣੀਆਂ ਪੁਰਾਣੀਆਂ ਪਰੰਪਰਾਵਾਂ ਨੂੰ ਨਵੇਂ ਤਰੀਕੇ ਨਾਲ ਅਪਣਾਈਏ, ਤਾਂ ਜੋ ਪਰੰਪਰਾਵਾਂ ਅਤੇ ਆਧੁਨਿਕਤਾ ਦੋਵਾਂ ਦੀ ਮਹੱਤਤਾ ਬਣੀ ਰਹੇ। ਰਾਤ ਨੂੰ ਕੇਕ ਕੱਟਣ ਅਤੇ ਦਿਖਾਵਾ ਕਰਨ ਦੀ ਬਜਾਏ, ਜਨਮਦਿਨ ਵੀ ਸਾਡੀ ਸੱਭਿਆਚਾਰ ਨੂੰ ਧਿਆਨ ਵਿੱਚ ਰੱਖ ਕੇ ਮਨਾਇਆ ਜਾ ਸਕਦਾ ਹੈ। ਉਦਾਹਰਣ ਵਜੋਂ, ਦੇਰ ਰਾਤ ਜਨਮਦਿਨ ਮਨਾਉਣ ਦੀ ਬਜਾਏ, ਜਨਮਦਿਨ 'ਤੇ ਸਵੇਰੇ ਜਲਦੀ ਉੱਠੋ। ਅੰਗਰੇਜ਼ੀ ਵਿੱਚ ਹੈਪੀ ਬਰਥਡੇ ਗਾਉਣ ਦੀ ਬਜਾਏ, ਇਸਨੂੰ ਹਿੰਦੀ ਜਾਂ ਸੰਸਕ੍ਰਿਤ ਵਿੱਚ ਗਾਓ। ਮੋਮਬੱਤੀਆਂ ਬੁਝਾਉਣ ਦੀ ਬਜਾਏ, ਜਨਮਦਿਨ ਦੀ ਸ਼ੁਰੂਆਤ ਪੰਜ ਦੀਵੇ ਜਗਾ ਕੇ ਕਰੋ। ਸ਼ੋਰ-ਸ਼ਰਾਬੇ ਵਾਲੀਆਂ ਪਾਰਟੀਆਂ ਦੀ ਬਜਾਏ, ਕੋਈ ਧਾਰਮਿਕ ਪ੍ਰੋਗਰਾਮ ਆਯੋਜਿਤ ਕੀਤਾ ਜਾਣਾ ਚਾਹੀਦਾ ਹੈ, ਜੋ ਮਨ ਨੂੰ ਸ਼ਾਂਤੀ ਅਤੇ ਖੁਸ਼ੀ ਦਿੰਦਾ ਹੈ।

ਡਾ. ਅਤੁਲ ਮਲਿਕਰਾਮ
ਲੇਖਕ ਅਤੇ ਰਾਜਨੀਤਿਕ
ਰਣਨੀਤੀਕਾਰ

भीड़ में खामोशी : अतुल मलिकराम (लेखक एवं राजनीतिक रणनीतिकार)

हलचल भरी और खचाखच भीड़ वाली सड़कों पर जहाँ शहरी जीवन की दैनिक लय लोगों के जमावड़े के साथ पूरी होती है, वहीं इस भीड़ के भारी शोर के बीचों-बीच कुछ लोग चुपचाप सादगी से चंद रुपए कमाने की आस में खुद से ही एक खामोश जंग लड़ रहे होते हैं। उनके जीवन का यह पिन ड्रॉप साइलेन्स बिल्कुल वैसा ही होता है, जैसे क्लास में हल्ला होने पर टीचर बच्चों को चुप होने के लिए कहती हैं, और उसके बाद एक अजीब-सा सन्नाटा छा जाता है उस क्लास में, जिसमें अभी चंद मिनट पहले मानों सब्जी बाजार लगा हुआ था।

कल्पना कीजिए एक फल विक्रेता की, जिसका ठेला कई तरह के रंग-बिरंगे फलों से सजा हुआ है, दर्जी कपड़े में न जाने कितनी कहानियाँ सिल रहा है, और मोची खुले आसमान के नीचे पहने हुए जूतों की मरम्मत कर रहा है। उनके छोटे-से व्यवसाय में आकर्षक लोगो या विज्ञापन के बड़े-बड़े बजट नहीं होते, ये बिना ब्रांडिंग के ही फलते-फूलते हैं। ये फलते-फूलते हैं उनकी कड़ी मेहनत, समर्पण और दरियादिली से, जिसके बूते ग्राहक खुद ही उनकी तरफ खींचे चले आते हैं। उनका यह स्वभाव और अथाह मेहनत ही उनके द्वारा बेचे जाने वाले सामान का वास्तविक ब्रांड है। यह बहुत गहरा कारक है, लेकिन अफसोस, हम में से किसी का भी इस बात पर ध्यान नहीं जाता है।

तथ्य यह है कि हमारा समाज

अक्सर प्रोडक्ट्स की वास्तविक गुणवत्ता से अधिक ब्रांड के नामों को महत्व देता है। साफ शब्दों में कहूँ, तो हम सामान पर लगे लेबल को देखकर ब्रांड को आँकते हैं। लेबल पर यह फोकस हमारे सतही मूल्यों को दर्शाता है। उनकी कड़ी मेहनत और कौशल के बावजूद, रोजमर्रा के कारीगरों को अक्सर नजरअंदाज कर दिया जाता है। हम सोचते हैं कि असली मोल ब्रांड के नाम और ऊँची कीमतों वाले टैग से आता है, लेकिन हम गैर-ब्रांडेड वस्तुओं की प्रामाणिकता और शिल्प कौशल को भूल जाते हैं। हम रुझानों की पूँछ पकड़ कर उनके पीछे-पीछे चलते जाते हैं, फिर हमें इस बात से भी कोई मतलब नहीं होता कि वह हमें किस दिशा में ले जा रही है। हम भेड़ चाल के साथ चलते चले जाते हैं और इस बात को नजरअंदाज कर देते हैं कि असली मूल्य किसी प्रोडक्ट के सार और उसके पीछे की कहानी में निहित होता है, लेबल में नहीं।

उन लोगों की कहानियों के बारे में सोचने के लिए कुछ समय निकालें, जो आपकी भाषा में बिना ब्रांड वाले प्रोडक्ट्स या सेवाएँ देते हैं। महिलाएँ अपने हाथों की जादूगरी से सुंदर-सुंदर टोकरियाँ और चटाइयाँ बुनती हैं, पुरुष अपने हाथों से मजबूत जूते बनाता है, किसान ताजी सब्जियाँ उगाता है, कुम्हार मिट्टी में जान फूँककर एक से एक बढ़कर बर्तन और सजावट के सामान बनाता है, दर्जी घंटों बैठकर आपके लिए एक-से बढ़कर एक परिधान सिलता है, मंदिर और बाग-बगीचों के बाहर गुड़िया के बाल बेचने वाला चिलचिलाती धूप में सिर्फ इसी आस में बिना किसी शिकायत के अपना पसीना पानी की तरह बहाता है कि शायद कोई बच्चा उसके इन गुड़िया के बाल को देखकर जिद कर लेगा, और उसकी चंद कमाई हो जाएगी। ऐसे हजारों उदाहरण हैं, जिनके बारे में यदि बात करने बैठा, तो लेख खत्म हो जाएगा, लेकिन उदाहरण नहीं।

मेरे मायने में ये लोग ही चलते-फिरते ब्रांड हैं, जिनमें से प्रत्येक के पास संघर्ष और दृढ़ता की अपनी एक अलग कहानी है। कहानी, जो न सिर्फ अनकही, बल्कि अनसुनी भी है। उनका काम उनके कौशल और समर्पण को दर्शाता है, फिर भी इस पर किसी का ध्यान नहीं जाता, क्योंकि यह किसी प्रतिष्ठित लेबल के साथ नहीं आता है।

अगली बार जब आप खरीदारी करें, तो अपनी पसंद के प्रभाव पर एक बार विचार जरूर करें। आपके द्वारा खरीदी गई ब्रांडेड वस्तुएँ बेशक फैशनेबल हो सकती हैं, लेकिन गैर-ब्रांडेड वस्तुओं का मूल्य उससे भी अधिक गहरा होता है। एक मूल्य, जो उन्हें बनाने वाले लोगों के जीवन और संघर्ष में निहित होता है। यदि आप इन प्रोडक्ट्स का समर्थन करने लगेंगे, तो आपको बता दूँ, आप चंद वस्तुओं की खरीदारी ही नहीं करेंगे, बल्कि आप उनकी कड़ी मेहनत को भी स्वीकार करेंगे और उनका और उनके काम का सम्मान भी करेंगे।

अब समय आ गया है कि हम एक ब्रांड होने के मतलब की परिभाषा एक बार फिर से रचें। समय है लेबल और मूल्य टैग से परे देखने का और प्रोडक्ट्स और उनके पीछे के लोगों के वास्तविक मूल्य को समझने का, उस भावना को समझने का, जो किसी ब्रांड से कम नहीं। अमीर की ब्रांड को तो हर कोई चमकाता है, क्यों न इस बार गरीबी के ब्रांड को भी चमकने का मौका दिया जाए और उनके ब्रांड को भी ब्रांड बनाया जाए। आखिरकार, एक ब्रांड की पहचान सिर्फ लोकप्रियता और भाग्य तक ही सीमित नहीं होना चाहिए, बल्कि यह प्रामाणिकता, गुणवत्ता और इंसान की भावना के बारे में होना चाहिए।

जरूरत है अनब्रांडेड, अनदेखे और कम मूल्यों वाली वस्तुओं की सराहना करें और उनका समर्थन करें। ऐसा करके, हम उन लोगों के जीवन को सफल बनाने में अभूतपूर्व योगदान देते हैं, जो स्वयं दिन-रात एक करके अथाह मेहनत से इन सामग्रियों को बनाते हैं और अपने जीवन को मानवता के सच्चे सार से समृद्ध करते हैं।

अनोखा इलाज...

एक दिन पेट में दर्द-सा हुआ। उस दिन घर में कोई था नहीं और मुझे दवाईयाँ मिली नहीं और बाहर जाकर लाने की मेरी हिम्मत नहीं थी। सोचा कोई घरेलु नुस्खा ही अपनाया जाए। लेकिन क्या..? मुझे इसकी कोई जानकारी नहीं। तभी मन में खयाल आया कि क्यों ना यूट्यूब से ही कोई नुस्खा निकाला जाए। जैसे ही यूट्यूब पर पेट दर्द के लिए नुस्खा ढूंढा, मेरे सामने नुस्खों की लम्बी लिस्ट हाजिर हो गई। दो चार वीडियो भी देखे.. कोई कहता कि फलाना चीज खाएँ, तो कोई कहता ढिकाना चीज खाएँ। एक जिस चीज को फायदेमंद बताता, दूसरा उसे ही नुकसानदायक कह देता। बताए गए कुछ नुस्खों में कुछ चीजें तो ऐसी भी थीं, जो घर में आसानी से मिलना संभव भी नहीं, लेकिन बताया घरेलू नुस्खे में जा रहा था।

हर वीडियो में तुरंत राहत मिलने का दावा किया जाता। तुरंत राहत पाने की चाह में मैंने उस लम्बी-चौड़ी लिस्ट में से सबसे पहला वीडियो देखना शुरू किया, लेकिन राहत मिलने की जगह उस वीडियो ने मेरे धैर्य की और परीक्षा ले ली, क्योंकि बताया गया नुस्खा कोई सामान्य रूप से बताता, तो दो मिनट में आराम से बता सकता था, लेकिन वीडियो में नुस्खा बताने वाले जानकार ने मेरा स्वागत करने, अपने चैनल की जानकारी देने और लाइक, शेयर, सब्सक्राइब की माँग करने में ही शुरूआती दो-तीन मिनट निकाल दिए। दो वीडियो और देखे.. लिए उस पर एक और समस्या यह कि हर वीडियो में एक नया नुस्खा, कौन-सा प्रयोग किया जाए, यह एक नया प्रश्न सामने खड़ा हो गया। हाल यह रहा कि दिमाग का दही हो गया। नुस्खे खोजने से पहले तक तो पेट में दर्द था, अब सिर में भी होने लगा। फिर इस उलझन में पड़ गया कि सिर दर्द के लिए नुस्खा खोजा जाए या पेट दर्द के लिए?

खैर इस तरह करीब आधा घंटा गुजर जाने के बाद मुझे एहसास हुआ कि मैं तो पेट दर्द के नुस्खे खोजने के लिए यूट्यूब पर आया था और अब तक न जाने किन-किन विषयों पर ज्ञान प्राप्त कर चुका हूँ। राजनीति, धर्म, ज्योतिष और न जाने कितने ही विषयों की ताजा जानकारी मुझे मिल गई है, लेकिन जिस समस्या के समाधान के लिए आया था, बस वह ही नहीं मिल पाया है। लेकिन इतनी जानकारी का फायदा यह हुआ कि इतनी देर तक जब मैं यूट्यूब में व्यस्त था, मुझे पेट दर्द का भान तक नहीं था। जहाँ दर्द के मारे एक-एक पल भारी पड़ रहा था, वहाँ आधा घंटा कहाँ छूमंतर हुआ पता ही नहीं चला। लेकिन यह केवल क्षणिक सुख था। जैसे ही मैं यूट्यूब की दुनिया से निकलकर वास्तविकता में लौटा, दिमाग ने फिर याद दिला दिया कि दर्द अभी-भी बना हुआ है।

फिर सोचा क्या किया जाए, कुछ समझ न आने की स्थिति में सोचा भूखे रहने से तो कोई हल निकलेगा नहीं, तो कुछ खा ही लिया जाए। लेकिन फिर प्रश्न कि क्या खाया जाए..? पेट दर्द की स्थिति में बाहर का खाना उचित नहीं और पाक कला में मैं इतना माहिर नहीं कि बिना किसी मदद के कुछ बना लूँ.. फिर वही समाधान दिखा कि यूट्यूब की शरण में ही जाना पड़ेगा। लेकिन कुछ देर पहले ही यूट्यूब का अनुभव लेने के बाद अब फिर से अपने संयम और समय की आहुति देने की हिम्मत नहीं कर पाया, सो कच्चा-पक्का जो भी बन सके, वही बना कर खा लेना उचित समझा और यूट्यूब की इस कश्मकश में बिना दवाई के ही पेट दर्द का इलाज हो गया। यूट्यूब इस तरह भी मददगार साबित होगा, कभी सोचा न था।

- अतुल मलिकराम (लेखक और राजनीतिक रणनीतिकार)

अश्लीलता की बाढ़ में बर्बाद होती युवा पीढ़ी

-डॉ. अतुल मलिकराम (लेखक और राजनीतिक रणनीतिकार)

सोशल मीडिया और ओटीटी प्लेटफॉर्म पर बढ़ती अश्लीलता, देश के लिए नई चुनौती खड़ी कर रही है...

भारतीय संस्कृति में सदाचार, चरित्र निर्माण, विनम्रता, प्रेम, दया, त्याग और आदर-सम्मान जैसे सद्गुणों को हमेशा से ही प्रमुखता दी गई है। इसके बावजूद, समाज में बढ़ते अपराध और नैतिक पतन की खबरें हमें आए दिन देखने, सुनने और पढ़ने को मिलती रहती हैं। इन बढ़ते अपराधों को देखकर कई बार मेरे मन में यह प्रश्न उठता है कि जब हमारी शिक्षा प्रणाली और संस्कारों में नैतिकता और आदर्शों पर इतना जोर दिया गया है, तो क्यों समाज के कुछ लोग पथभ्रष्ट होकर सामाजिक ताने-बाने को दूषित करने में लगे हुए हैं? इसका एक प्रमुख कारण सोशल मीडिया और ओटीटी प्लेटफॉर्म पर बेलगाम और तेजी से बढ़ती अश्लीलता और अनुशासनहीनता है।

सोशल मीडिया और इंटरनेट की भूमिका आज की दुनिया में अत्यंत महत्वपूर्ण हो गई है। लेकिन, जैसे कि हर सिक्के के दो पहलु होते हैं.. जहाँ एक ओर सोशल मीडिया ने हमें कई सुविधाएँ दी हैं, वहीं दूसरी ओर इसके दुष्प्रभाव भी हमारे सामने आ रहे हैं। एक तरफ यूट्यूब और गूगल जैसे प्लेटफॉर्म्स के जरिए हम हर प्रकार की जानकारी तुरंत प्राप्त कर सकते हैं। लेकिन, इसका नकारात्मक पक्ष भी है और वह है सोशल मीडिया पर अश्लील सामग्री की बाढ़, जो तेजी से हमारे समाज को खोखला कर रही है।

आज स्थिति यह है कि जहाँ देखो, वहीं अश्लीलता छाई हुई है। सोशल मीडिया प्लेटफॉर्म्स पर वीडियो और रील्स में अश्लीलता इतनी सामान्य हो गई है कि इसे नजरअंदाज करना मुश्किल होता जा रहा है। बात यहीं खत्म नहीं होती; ओटीटी प्लेटफॉर्म्स पर प्रसारित होने वाली वेब सीरीज और शोज भी उसी राह पर चल रहे हैं। इनमें से अधिकांश कॉन्टेंट इतना अश्लील और भड़काऊ होता है कि आप परिवार के साथ उसे देख भी नहीं सकते। क्रिएटिविटी के नाम पर इन प्लेटफॉर्म्स ने अशिष्टता और गाली-गलौज को सामान्य बना दिया है। ऊपर से यह कॉन्टेंट आज हर वर्ग की पहुँच में है। यह स्थिति तब और चिंताजनक हो जाती है, जब छोटे बच्चे और किशोर ऐसे कॉन्टेंट से प्रभावित होकर अपने जीवन में उन चीजों की नकल करते हैं। नतीजा यह है कि बच्चे भी गालियाँ, हिंसा और अश्लीलता सीख रहे हैं।

हाल ही में एक वेब सीरीज आई, जिसमें कामुकता और हिंसा के ऐसे दृश्य दिखाए गए कि हॉलीवुड तक भी शायद शरमा जाए। इस प्रकार के कॉन्टेंट से भारतीय समाज और संस्कृति का ताना-बाना बुरी तरह बिखर रहा है। हमारी फिल्म इंडस्ट्री भी ऐसी ही फिल्मों और वेब सीरीज पर केंद्रित हो रही है, जिनका उद्देश्य सिर्फ विवाद खड़ा करना है और सामाजिक जागरूकता व शिक्षा जैसे विषयों से जिनका कोई नाता नहीं है।

अश्लील सामग्री का सबसे ज्यादा प्रभाव हमारी युवा पीढ़ी पर पड़ रहा है। ऑनलाइन शिक्षा के बढ़ते चलन ने बच्चों के हाथों में स्मार्टफोन दे दिए हैं, जिससे अब माता-पिता के लिए यह पता करना कठिन हो गया है कि क्या उनके बच्चे केवल पढ़ाई के लिए ही फोन का उपयोग कर रहे हैं।

ऊपर से अश्लील कॉन्टेंट तक पहुँच इतनी आसान हो चुकी है कि नाबालिग भी इसे बिना किसी रोक-टोक के देख सकते हैं। सोशल मीडिया और ओटीटी प्लेटफॉर्म्स पर परोसी जा रही गंदगी युवाओं को नैतिक रूप से कमजोर कर रही है। किशोर और युवा, जो मानसिक रूप से पूरी तरह से परिपक्व नहीं होते हैं, उनके आदर्श और व्यवहार में अश्लील कॉन्टेंट देखकर विकार आने लगता है। लेकिन हर किसी को केवल अपने मुनाफे की पड़ी है, भले ही इसके चलते आने वाली पीढ़ी गलत दिशा में ही क्यों ना जा रही हो। यह स्थिति इस कदर गंभीर हो चुकी है कि इसे रोकने के लिए सख्त कदम उठाने की आवश्यकता है।

इस स्थिति पर लगाम लगाने के लिए सरकार को सख्त नियम बनाने चाहिए और अश्लीलता फैलाने वाले सभी सोशल मीडिया और ओटीटी प्लेटफॉर्म्स पर कड़ी निगरानी रखनी चाहिए। साथ ही ऐसी साइट्स, जो असामाजिक कॉन्टेंट को बढ़ावा देती हैं, उन्हें तुरंत प्रभाव से ब्लॉक करना चाहिए। जिस प्रकार थिएटर में बच्चों को एडल्ट फिल्मों से दूर रखा जाता है, इसी प्रकार ओटीटी प्लेटफॉर्म्स पर भी ऐसी व्यवस्था करनी होगी, ताकि वेब सीरीज और फिल्मों में दिखाई जाने वाली अश्लीलता को रोका जा सके। ओटीटी प्लेटफॉर्म्स को सेंसर बोर्ड के अंतर्गत लाने की भी आवश्यकता है, ताकि इनके कॉन्टेंट को परखा जा सके।

हालाँकि, सरकार अपनी ओर से प्रयास कर रही है, जैसे भारत सरकार ने 2021 में नए आईटी नियम लागू किए, जिनमें सोशल मीडिया पर फैलाए जा रहे अश्लील कॉन्टेंट को रोकने के प्रावधान किए गए हैं। इन नियमों के तहत, सोशल मीडिया कंपनियों को गलत और फेक कॉन्टेंट के सोर्स की जानकारी देनी होती है, जिससे यह पता लगाया जा सके कि ऐसे कॉन्टेंट को सबसे पहले किसने साझा किया था। परंतु यह सिर्फ शुरूआती कदम है।

सरकार के साथ-साथ, समाज, कॉन्टेंट क्रिएटर्स और इन्फ्लुएंसर्स को भी अपनी जिम्मेदारी समझनी होगी। कॉन्टेंट क्रिएटर्स को यह ध्यान रखने की जरूरत है कि उनके द्वारा बनाए गए कॉन्टेंट का प्रभाव समाज पर क्या पड़ेगा।

उन्हें गंभीरता से इस पर विचार करना होगा कि उनका हर कॉन्टेंट किसी न किसी रूप में समाज के हर वर्ग को प्रभावित करता है, इसलिए उन्हें अपनी रचनात्मकता का उपयोग समाज के हित में करना चाहिए। दर्शकों को भी समझना चाहिए कि क्या देखना सही है और क्या गलत, जब हम अपनी ओर से असामाजिक चीजों का विरोध करेंगे, तो ही इनके निर्माण पर रोक लगेगी। सोशल मीडिया और ओटीटी प्लेटफॉर्म्स पर अश्लीलता को रोकना सिर्फ कानूनी जिम्मेदारी नहीं है, बल्कि यह हमारी नैतिक और सामाजिक जिम्मेदारी भी है, क्योंकि सरकार चाहे कितने भी नियम बना ले, जब तक हम सामाजिक रूप से अपनी जिम्मेदारी नहीं समझेंगे, इस समस्या का समाधान होना संभव नहीं है। इसलिए जरूरी है कि सभी इस विषय पर सख्त हों।

www.ingramcontent.com/pod-product-compliance
Lightning Source LLC
La Vergne TN
LVHW052114210926
848482LV00025B/605

* 9 7 9 8 9 0 2 3 1 5 9 2 6 *